「やりたいこと」を全部やる技術

行動科学で最高の人生をつかむ43の方法

DO EVERYTHING YOU WANT TO DO / JUN ISHIDA

石田淳

実業之日本社

はじめに

――自分の人生を経営する――

コロナ禍は、まさに世の中を一変させる出来事でした。望むと望まざるとにかかわらず、多くの人は新しい世界を生きていかねばならなくなりました。

実際に、これまで築き上げたビジネスも資産も手放し、一からのやり直しを迫られ途方に暮れている人たちが大勢います。

しかしながら、私はここで非常に大事なことを述べたいと思います。

逆説的なことを言うようですが、この激変をコロナによるものだと考えていては失敗します。コロナなどあろうとなかろうと、**すでに私たちは大きな変化の波にのまれていたのです。**だから、どう落ち着いたとしても、世界が元に戻ることはありません。

たとえば、ビジネススタイル。慣れないリモートワークに右往左往した人たちは、「早く従来のやり方で仕事がしたい」と願っていることでしょう。しかし、これを機にオンラインへの切り替えは、どの業界でも進んでいます。

とはいえ、なにもかもがオンラインになることなどなく、半分はリアルに帰結《きけつ》しつつあります。つまり、今後のビジネスの現場には、オンラインもリアルも当然のように存在するでしょう。

いうまでもなく、**オンラインとリアルではコミュニケーションの手法がまったく違います。**となれば、今後は、**どちらのコミュニケーションにも対応できる、極めてハイブリッドな人材が求められる**ことになります。

こうした状況にあって、これからは、圧倒的な「個」の時代がやってきます。たとえ、どれほどの大企業に属し、いかなる立場にいたとしても明日の保証はない時代。自分の人生を自分で選択していかなければならない時代です。

本当は、それが当たり前のことなのに、これまでは「なにかにくっついて」いることが可能でした。仕事においても、上から指示されたことをきちんとこなせば、組織の一員としての立ち位置を守ることができました。

しかし、今後同じことをやっていたら、あなたの五年後、一〇年後はどうなるかわかりません。

個の時代は、すべての人が「自分の人生は自分が主役だ」と明確に認識しなければなりません。

ただし、ハリウッド映画のスーパーヒーローである必要はありません。地味な作品でもいいから、主役を演じることが求められます。いくらハリウッド映画であっても脇役ではダメなのです。

これからは、組織に属していようがいまいが関係なく、**自分の人生を「自分株式会社」として経営していく覚悟が必要です。**長期・短期の目標設定はもちろんのこと、経理面に関しては徹底した収支の管理を行わなければなりません。また、自分のスキルを客観的に把握し、人事担当者として進むべき道を己に示していくことも大切です。

大変なようですが、言葉を換えれば、あなたの人生はあなたが自由にコントロールできるということです。もちろん、ときに「運、不運」に翻弄されることもあるでしょう。しかし、それは一瞬のこと。長いスパンで見れば、すべて自分がコントロールできるのが個の時代です。

何事につけ、自分で判断し、自分で行動し、自分で管理する。こうした**個の時代には、**セルフマネジメントを超えた自分自身で道を切り開くための**「セルフサバイバ**

ル」能力が必須です。

具体的に、あなたが自分のものにしなければならない大きな柱は以下の三つです。

1　会社の給料以外に最低一つの別口収入源を持つ
2　体と心の健康を維持するために積極的かつ具体的に行動する
3　仕事以外の人間関係や趣味の場を新しく構築する

これら三つの柱の大切さは、成功している企業経営者なら誰でも知っており、実践しています。このうち一つでも欠けていたら、自分の人生も仕事もうまく経営できないからです。

本書では、これらの柱を常に意識しつつ、私たちが忘れてはならない日々の過ごし方や仕事への取り組み方について、あなたと一緒に考えていきます。

「やりたいこと」を全部やる技術

行動科学で最高の人生をつかむ43の方法

目次

第一章

「セルフサバイバル」8つのマインド

Self survival

第二章

「業務改善」11のカギ

Business improvement

第三章

「ストレスコントロール」12のポイント

Stress control

第四章

「自己実現」12のステップ

Self actualization

構成　中村富美枝
装幀　中村勝紀（TOKYO LAND）
本文デザイン&ＤＴＰ　ラッシュ
校正　くすのき舎
編集担当　神野哲也

第一章

「セルフサバイバル」8つのマインド

Self survival

経営視点で人生を考える

会社経営者はいつも「先のお金」のことを考えています。ある商品やサービスがどれほど利益を出していても、「この一本頼みでは危ない」と、いくつかの柱を持とうと模索します。

また、長期的視点で一〇年後、二〇年後を見据え、絶えず勉強をしています。インプットを怠れば、すぐに足許をすくわれてしまうからです。

読者一人ひとりの人生は、まさに会社経営と同じです。

しかも、その人生という事業は、会社のように「潮時を見てたたむ」ことはできません。いつまで続くかわからないけれど、その間、誰にも頼ることなく経営し続けなければならないのです。

二〇二〇年からのコロナ禍では、さまざまな補償のために、国や自治体はかなりの税金を使いました。個人にもお金を配りましたが、そのツケは大増税となって必ず国民に返ってきます。自分株式会社の経営を考えたら、目先の補償金をもらって喜んでいるようではダメです。

私は仕事柄、多くの経営者と接する機会があります。そのときに、今後のお金について話をしてみれば、会社の将来は一発でわかります。

優秀な経営者は、細かいところまで数字を示しながら話をすることができますが、大雑把に「なんとかなるでしょう」と言う経営者の会社は、一〇〇パーセント潰れます。お金が天から降ってくるわけではないのですから、「なんとかなる」ことなどあり得ません。

個人の家計も同じことで、ソラで人に説明できるくらい**きちんと数字で把握しておかないと破綻します。**

「今、人よりもたくさん給料をもらっているから、将来もなんとかなるだろう」というのは、いかにも危《あや》うい考え方です。**大事なのは人との比較ではなく、自分株式会社の経理事情です。**

たとえば、「老後に必要だと言われている二〇〇〇万円はとても用意できない」という場合でも、置かれた状況によって、その深刻度は違います。

地方で暮らすならともかく、東京など家賃や物価の高い大都市では、二〇〇〇万円あったとしても足りません。

子どもの教育費についても、人それぞれです。

若いうちに子どもを持った夫婦なら、当初は大変だったとしても、五〇代になれば教育費から解放されます。

一方で、最近は四〇代になって第一子を持つケースも増えています。四〇代は最も稼いでいる時期なので、子どもを有名私立に入れるなど教育にお金をかけたがります。しかし、その子が大学生になる前に収入はガクンと減ります。

だから、稼いでいる時期に生まれた子どもにこそ、教育費はあまりかけないように計算しないと大変なことになります。

こうしたことは、会社経営の視点から考えれば当たり前。**自分の人生は、曖昧《あいまい》にせず経営者としてシビアに計算していきましょう。**

——10秒でわかるレビュー——

☑ 人生は会社経営と同じ。
☑ 細かい数字を把握する。
☑ 曖昧にせず、シビアな計算をする。

◉セルフサバイバルのマインド 2

成功者は逆算の思考の持ち主

自分株式会社を経営するには、逆算の思考が不可欠です。

成功している経営者はみんな、逆算の思考の持ち主です。彼らはまず、長期的目標を立て、そこから逆算して中期目標、短期目標を落とし込んでいきます。

さらに、今期の売り上げ目標があれば、そのために毎月どうするのか、週単位でなにをしていかなければならないかを考えていきます。

もし、長期的目標よりも「今日の売り上げ」に目がいっている経営者がいれば、その会社は自転車操業の経営状態に陥っている可能性が高いです。

次ページの縦軸に重要度、横軸に緊急度を置いた私のマトリックスを見ください。

緊急で重要なものはすぐにやらねばならないことや、緊急でも重要でもないものは先送りしていいことは誰でもわかりますね。

私の緊急度・重要度マトリックス

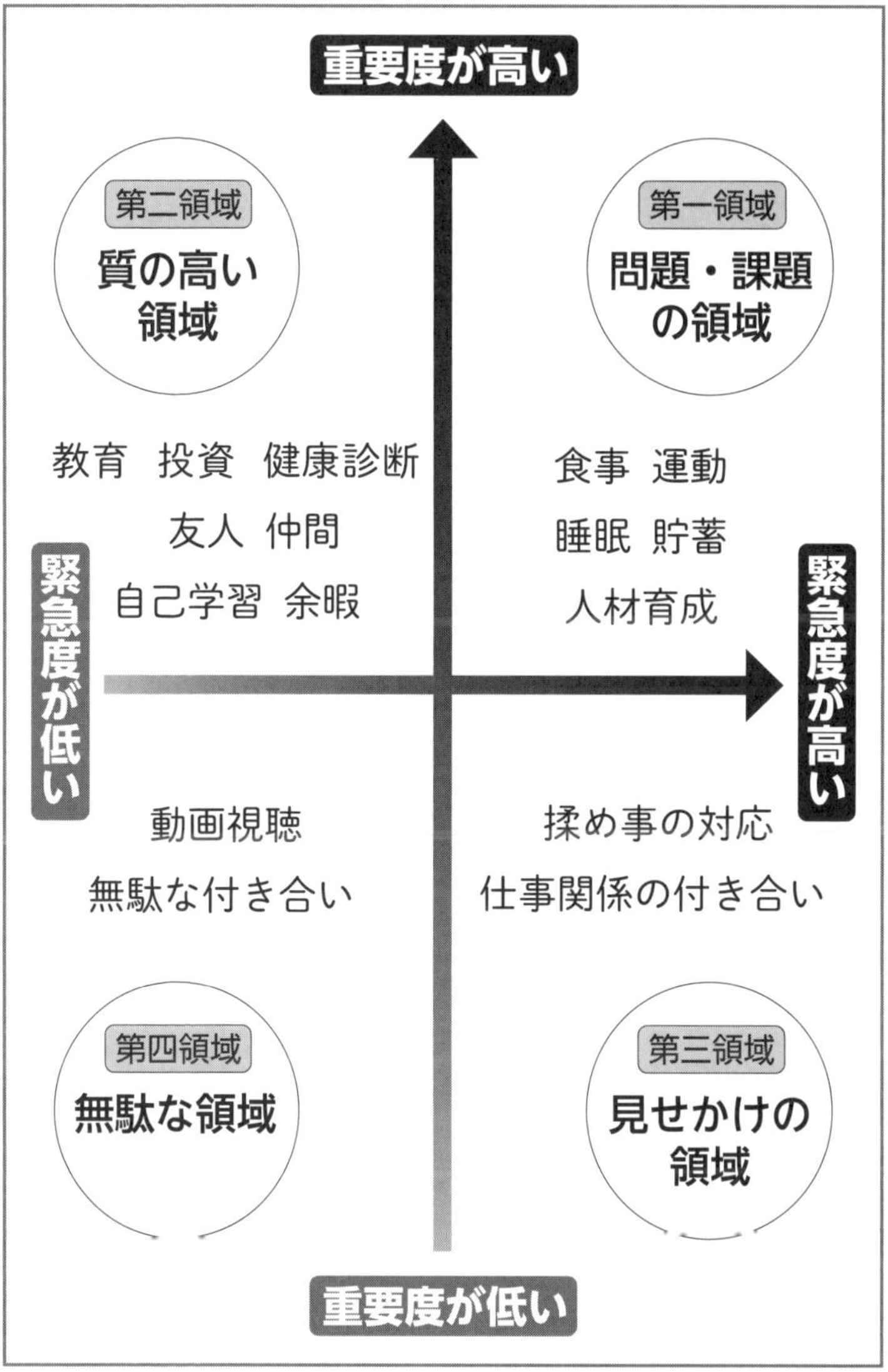

人生におけるマトリックスを作成し、いかに第二領域である質の高いタスクに着手していけるかが重要

問題なのは、残りの二つ。重要ではないのに緊急のことばかりやっていると破綻します。大事なのは、**緊急ではないけれど重要なことに、いかに「今から」手をつけていくかです。**私の場合は、教育、投資、健康診断、友人、仲間、学習、余暇などを、緊急度は低いが重要度は高い項目として長期的視点で考えています。

あなたの人生も同じです。あなたは必ず年をとります。六〇代、七〇代の自分など、まだ想像できないかもしれませんが、必ずやってきます。そのときになって慌てても、時間は決して取り戻すことはできません。

今から六〇代、七〇代の自分を想定し、そこから逆算していきましょう。

仮に、六五歳時点で二〇〇〇万円の貯金を用意しておこうと考えたとして、そのためには、いつまでにいくら必要でしょうか。

五〇歳を超えると、収入は上がらないどころか減っていく可能性があります。そうした現実も、しっかり見つめましょう。その上で、**子どもの教育費、保険、医療費などかかるお金も想定しながら逆算していけば、今からなにをしなければいけないかが明確になってきます。**

それをせずに漫然と今の日々を過ごしていて、老いてから慌ててもあまりにも遅いのです。

大事なのは、こうした計画は行動にまで落とし込むことです。マネープランを立てるまでは比較的多くの人がやっています。なかには、ファイナンシャルプランナーの力を借りて、かなり立派な計画表をつくっている人もいます。

しかし、その計画を遂行していくお金は天から降ってはきません。理想のプランを現実のものにするには、あなたの行動が必須です。

なお、**こうした逆算思考ができるようになれば、それは仕事にも生きてきます。**仕事でいい結果が出せれば、マネープランにも余裕が持てるでしょう。

――10秒でわかるレビュー――

- ☑ **物事を逆算で考える。**
- ☑ **逆算思考は仕事にも生かせる。**
- ☑ **緊急度と重要度のマトリックスをつくる。**

新しい手法を取り入れる

大手損害保険会社の地方支店営業部門で働く、四〇代男性の事例を紹介します。仮にA氏と呼びましょう。

A氏は、大学卒業後、都内の中堅企業に勤めていましたが、三〇歳になった年に地元に戻り、今の会社に転職しました。そして、自動車保険を扱い始めるとすぐに頭角を現し、以来、営業成績はいつもトップクラスに位置していました。

そんな非常に優秀なベテラン営業マンが、最近になってまったくと言っていいほど営業成績が振るわなくなりました。

一方で、二〇代後半から三〇代の部下には、急に成績を伸ばし始めた人が何人かいます。だから、扱っている商品に問題があるとは思えません。

そこで、なにか思い当たる原因はないか、私はA氏に聞いてみました。すると、こんな答えが返ってきたのです。

「コロナの流行もあって、顧客に会いに行けない状況が続いたのが痛かったです。早く通常に戻ってくれるといいのですが……」

彼の働く地方都市でもリモートワークが推奨され、なかなか対面営業ができる状態に戻らないことが自分に不利になっているとA氏は感じているようです。

つまり、**売れないのは人に会えないからで、会えるようになれば売り上げも元に戻ると考えている**のです。

営業分野に限らず、今もA氏と同じような感覚で仕事を続けている人は少なくありません。そうした人たちに、私ははっきりと伝えておきたいと思います。

もう、すべて元には戻りません。

たしかに、この時代に感染症に苦しめられるのはショッキングなことでした。しかし、それだけが原因で世の中が変わったのではありません。**すでに世界は激変のただ中にあったのです。**

とくにビジネス環境ではそれが顕著で、A氏がこれまで行ってきたような「とにかく足を運んで、顔を見てこそ売れる」という営業スタイルは、もはや古いものとなっていました。

そこへもってきて、**多くの人が実際にリモートでのコミュニケーションを体験し、「なんだ。直接会う必要なんてなかったんだ」と気づいたわけです。**気づいてしまったからには、今後は「会わないコミュニケーション」によってほとんどのビジネスが回っていくことでしょう。一部でリアルの重要性が再認識されてはいますが、オンラインのコミュニケーションツールは、これからも活用されるはずです。

だから、以前のビジネス環境に戻ることなど期待してはなりません。**歴史を振り返ってみても、「変わらずに維持されるもの」は、この世に一つもない**のです。

もちろん、変化し続けているのはビジネス環境ばかりではなく、プライベートについても同様です。

大事なのは、絶えず「新しい人」でいることです。**新しい人とは、**年齢が若い人を指すのではありません。**過去の成功体験などに縛られず、自由に生まれ変わることができる人のこと**です。

―10秒でわかるレビュー―

☑ 元のようには戻らないと心得るべき。

☑ 会わないコミュニケーションを身につける。

☑ 自由に生まれ変われる人でいる。

最悪を想定して打ち手を考える

変化の多い不確実な時代を迎え、多くの人が「これから自分はどうなるのか」という強い不安を抱いています。

しかしながら、その一方で目の前のタスクに追われ、将来についてゆっくりと考える時間を持てずにいます。

みんな、**漠然とした不安に押し潰されそうになっている**のです。

私は、未来について漠然とした不安にさいなまれるほどバカらしいことはないと思っています。「大変なことになりそうだ」という悲観論も、「どうにかなるだろう」という楽観論も漠然としている限り、事態が好転するわけではないからです。

あなたに求められるのは、ロジカルな分析とそれに伴う行動です。

具体的に言えば、「**未来に起こり得る最悪の状態を想定し、あらかじめ手を打って**

おくこと」です。それさえやっておけば、いたずらに不安を増幅させることもなく、現実の事態に対応できます。

たとえば、ビジネスについてなら、「勤めている会社をリストラされる」「取引先が倒産して資金が回収できなくなる」「進行中の大プロジェクトが頓挫《とんざ》する」「ライバル店が目の前に進出する」など、携わっている仕事の種類によって「最悪の状態」はいくらでも考えられます。

ところが、そんなことを考えていると気分がふさぎ込むので、多くの人は「まあ、そこまでにはならないだろう」と思考停止の道を選んでしまいます。

しかし、思考停止してみても、心のどこかに「本当にそうなったらどうしよう」という思いがあり、相変わらず漠然とした不安が拭えません。さらに悪いことには、**実際に最悪の状態になってからでは準備不足でなにもできないわけです。**

プライベートでも、同じようなケースが見て取れます。

いわゆる「老後二〇〇〇万円問題」に関しても、ショックを受けているだけで、最悪なにが起こり得るのかについては目を背けている人がほとんどです。

目を背けていれば、問題は避けて通り過ぎてくれるということはありません。**現実**

は「直視するしかない」のです。

あなたが、一〇〇歳まで生きる可能性があるとしたら、どこでお金は足りなくなるでしょう。どんな最悪のことが起きるでしょうか。

たとえば、重い病気で倒れ、後遺症を抱えたまま寝たきりになるということも、誰にでも起こり得ます。それを本気で想定したら、今から食事に注意し、運動習慣を身につけ、健康的な生活習慣を心がけようとするでしょう。

また、会社の健康診断だけでなく、より精度の高い人間ドックを受診しようと思い立つかもしれません。ましてや、医師からの助言を無視するという愚かな行動はとらないでしょう。

もちろん、資金計画の重要さを再認識し、新たな積立を始めたり、保険の加入や見直しを行うはずです。

こうして、「最悪、こんなことが起きるかもしれないけれど、そのときのための手は打った」と思えたら、心にゆとりを持って生きていけます。

―10秒でわかるレビュー―

☑ 漠然とした不安にさいなまれない。
☑ ロジカルな分析と行動をする。
☑ 現実を冷静に直視する。

数字に基づいて検証する

金融広報中央委員会が公表した「家計の金融行動に関する世論調査（二〇二〇年）」という、示唆《しさ》に富んだデータがあります。

それによれば、驚くことに高齢者世帯（世帯主の年齢が七〇歳以上で二人以上の世帯）の二割弱が「貯蓄ゼロ」だそうです。

高齢者世帯の貯蓄額は平均で見ると一七八六万円ですが、これは一部のお金持ちが平均値を引き上げている結果です。実際には、**多くの高齢者世帯は、ゼロとまではいかなくても、十分な貯蓄がありません。**

単身者世帯となるとさらに深刻で、六〇代の段階で約三割が貯蓄ゼロです。これでは年金だけでやっていけないのは火を見るより明らかです。一〇〇歳まで生きるとしたら、残りの四〇年をどうしたらいいのでしょう。

さて、こうしたデータは、あなたにとって他人事でしょうか。あるいは、遠い未来の話でしょうか。いえ、**すぐ目の前のあなたの現実です。**

実際に、働き盛りの世代でも、非正規雇用が増えていることもあって、金銭的に逼《ひっ》迫《ぱく》している人が増えています。年収二五〇万円以下と、生活保護を受けるよりも低い収入しか得られていない人がかなりの割合を占めているのです。こうした人たちが高齢になって、いきなり貯蓄ができるとは思えません。

厳しいことを言うようですが、お金がなくてはやりたいことの多くはできません。**少しでも早くから資金計画をしっかり立てていないと、何歳になってもお金の工面に追われることになり、人生設計など立てようがないのです。**

かつて「一億総中流」などと表現された社会構造はとっくに壊れ、今は日本でも経済の二極化が急激に進んでいます。

その証拠に、実体経済は良くないのに、株価は上がっています。仮想通貨（暗号資産）も高値を更新していました。貯蓄すらままならない人がたくさんいる一方で、お金はあるところにはあるのです。

では、いつの段階で二極に分かれてしまうのでしょうか。

もちろん、スタートの有利・不利はあります。裕福な家に生まれ親から多くの財産を相続できれば、お金の苦労はほとんどしなくてすみます。

そういう特例は別にして、たいていどこかに自分で選んだ分岐点があります。**同じような経済状況で育ち、同じような大学を出て、同じような企業に就職したのに、一方は余裕のある老後を迎え、一方は気がついたら貯蓄ゼロ**に陥っていたというケースを、私はたくさん見てきました。

彼らの違いは、「若い頃からちゃんとお金と向き合ってきたか」だけです。お金に対して「直視してきたか否か」だけなのです。

今のところあなたは、そこそこの収入を得ているかもしれません。となれば、マンションや車など購入できていることでしょう。そして、「俺の人生まずまずだ」と自己評価しているのではありませんか。

だとしたら、**今一度、数字に基づいた検証をしておきましょう。**さもないと、年齢を重ねてから、非常に厳しいサバイバルに巻き込まれます。

―10秒でわかるレビュー―

☑ 金銭的に逼迫している人が増えている。
☑ 一刻も早く資金計画を立てる。
☑ お金と正面から向き合う。

◉セルフサバイバルのマインド6

自分のスケールを知って動く

今は、会社に属していても副業が認められるケースが増えています。当然ながら、本業に悪い影響を与えないことが条件です。

企業としては、「業績さえ上げてくれれば文句を言いませんよ」というスタンスに変わりつつあるのですが、**それは同時に「一生の面倒なんて見ませんから」という意味も含まれているわけです。**

つまり、今は企業に勤めるサラリーマンであっても、フリーランスの人と同じような立場に近づいていると考えたほうがいいでしょう。

フリーランスの人がいくつ取引先を持っていようとも、それぞれのクライアントとの仕事をきちんとしていれば文句を言われる筋合いはありません。しかし、「A社の納品に時間がかかったので」とB社との約束を反故《ほご》にすることは許されません。

自由でいるためには、果たさねばならない責任も大きくなるわけです。

こういう時代にあって、「自分を知る」ことは非常に重要です。終身雇用制度が崩れた時代に、どのような規模の自分株式会社という人生を経営していくか。そのスケールを見誤ってはなりません。

大事なのは、あくまで自分です。他者との比較でなく自分軸で判断することです。同僚がいろいろ副業をしているからと、自分の手に余ることなどする必要はどこにもありません。

プライベートな人生設計においても、徹底して自分のスケールで考えることです。そうすれば、「人並み」という言葉はどうでもよくなるはずです。

多くの人にとって、人生で最も高い買い物といえばマイホームでしょう。とくに、結婚して子どもが生まれると、「そろそろ家を買おうか」となるようです。

そして、当然のように長期ローンを組みます。いうまでもなく、ローンは借金です。なぜ、借金をしてまで家を買うのでしょうか。この時代に借金をすることに、恐怖を感じないのでしょうか。

たしかに、読者の親世代までは、たいていがローンで家を買い、ちゃんと返済できました。まだ終身雇用制度が機能していたし、日本経済は上り調子で給料もボーナスもある程度アップが保証されていたからです。

しかし、**私たちを取り巻く環境はすっかり変わりました。**今年は高額のボーナスをもらえたとしても、来年はゼロかもしれません。

実際に、組んでいたローンが支払えなくなり、せっかく購入した都心のタワマンや郊外の一戸建てを手放さなければならないケースが相次いでいます。

金融機関がつくってくれた「返済計画」など、真に受けてはなりません。それは、本当にその人のスケールに合ったものではないのです。

すでにお金に余裕があり、プールした現金で一括払いができるケースを除いて、家や車は買わないことです。

借金は、した瞬間から人生が縛られます。たとえ、収入がいきなり今の半分になったとしても、生活規模を半分にすればなんとか乗り切れます。

しかし、借金は半分にはしてもらえません。そういう状況に身を置くことが、どれほどリスキーなことか、もう一度考えたほうがいいでしょう。

―10秒でわかるレビュー―

☑ 終身雇用制度が崩れた時代の人生経営を考える。

☑「自分を知る」ことが重要。

☑ 他者との比較ではなく自分軸で判断する。

やりたいことをやる

四〇歳になるまで一キロも走ることができなかった私は、プロからランニングの基礎を習い、フルマラソンを完走しました。

そして、一〇〇キロマラソンにも、サハラ砂漠や南極での冒険マラソンにも挑戦し、無事に走り遂げることができました。

今はさらに登山を始め、エベレストに登ろうと計画しています。

こうした私の行動について「なぜ、そんなことやるんですか?」と聞かれることがたびたびあります。返答に困るのですが、しいて言うならば**「やりたいからやっている」ということに尽きます。**

そして、思うのです。〝もしかしたら、みんな、やりたいことをやっていないのだろうか。メリットがあると思えることとしかやらないのだろうか〟と。

冒険マラソンやエベレスト登山など、たしかに苦痛は伴います。ときに、命の危険を感じることもありますが、でも私はやりたいのです。というのも、**そこに「体験価値」を見いだしているからです。**

私にとって、体験価値こそが人生を充実させる最大の要素なのです。

マラソンを始めたら、フルマラソンに参加したくなった。
フルマラソンを完走したら、サハラ砂漠を走りたくなった。
サハラ砂漠を走れたら、南極にも行ってみたくなった。
南極に行ったら、エベレストに登ってみたくなった。

それだけです。**誰かに評価されたいからでも、仕事に生かしたいからでも、SNSにアップしたいからでもなく、「やりたいこと」をやっているわけです。**

だから、私はやりたいことにはチャレンジしますが、同じことを二度やりたいとは思いません。たとえば、フルマラソンに何度も挑戦してタイムを縮めていくことは、周囲からの評価にはつながるかもしれませんが、興味がないのです。

あなたも、「なにか新しいことをやってみたい」という気持ちを抱いたことがあるでしょう。そのときに、「それで、なんになるの?」と、どこかでストップをかけていないでしょうか。

特別なメリットなど探さずに「やりたいからやる」という欲求が、現代人には欠けているように思えてなりません。

重ねて述べますが、**個の時代です。**あなたの人生はあなたのものです。**今こそ覚悟を決めて、ベクトルを自分に向ける必要があるのです。**

もちろん、自分の人生を生きるためにお金を稼ぐことは必須です。お金を稼ぐために、会社や上司の評価を得ることも必要でしょう。しかし、そうした他者からの評価を趣味の世界にまで持ち込む必要はありません。やりたいことは全部やりましょう。

私が、運動をはじめたのは四〇代後半です。どんどん新しいことにチャレンジをしてきて、それが今や、マラソン、トレイルランニング、トライアスロン、遠泳、登山、ヨット、バイク、ギターなど、運動だけに限らず、さまざまなことにチャレンジしてきました。

もちろん、全部やりたいからやっているのですが、もう一点理由を挙げるとしたら、今のうちにやっておかないと、六〇歳になってからではできないと思ったからです。

何事も最初は、技術の習得に時間がかかるものです。**今のうちから、投資として余暇**

の楽しみ方の幅を広げておけば、一〇年後、二〇年後の人生が輝かしいものになっているはずです。

――10秒でわかるレビュー――

☑ 体験価値は人生を充実させてくれる。
☑ やりたいことは全部やる。
☑ 他者からの評価を気にしない。

六〇代で後悔しないために

ある心療内科に勤めるカウンセラーが、最近になって見られる患者さんの変化について教えてくれました。

これまで、仕事での悩みを抱えてクリニックを訪れるのは四〇～五〇代のマネジャー世代が多かったのに、ここのところ六〇代の男性が急増しているのだそうです。

そのうちの一人は、「今まであなたが扱ってきた商品やサービスを、あなたの大切な人にも提供できますか？」というアンケートに「イエス」と答えられない自分がいて、大きなショックを受けているとのことでした。

自分は仕事を頑張ってきた。売り上げも伸ばし、役職にも就いてきた。

その過程では、自社の商品やサービスを「素晴らしいものです」と顧客にすすめてきたのに、それは商売上の方便であって、本心ではなかったわけです。

お金を稼ぐことや出世の階段を上ることに夢中になっているうちは「仕事なんだから」と納得してきたことが、定年を迎えて一気に揺らぎ、**「これまでなんのために生きてきたんだろう」と苦しんでいるのだそうです。**

こうした六〇代は本当に増えていて、実際に私の周りでも同じような嘆きの声を聞きます。でも、どうしてあげることもできません。**過ぎ去った時間は、いかなる方法をとっても取り返すことはできません。**

今、あなたが二〇～四〇代にあるなら、いえ、五〇代であってもぜひ、この質問を自分にしてみてください。

「今まであなたが扱ってきた商品やサービスを、あなたの大切な人にも提供できますか?」

自分の子どもに説明できるか、あるいは、自分の子どもに同じ仕事をさせたいかと考えてみるのもいいでしょう。

もし、イエスと言えないなら一度、立ち止まって考えてみることをすすめます。

仕事はお金を稼ぐためのものですから、きれい事は必要ありません。しかし、一生懸命働いた日々のことは、誇りを持って振り返りたいですよね。

「本当はやりたくないことだが、仕事だから仕方がないのだ」という言い訳は、自分の魂には通用しません。

会社のせい、上司のせいにしてみたところで、自分がやってきたことは、自分で引き受けるしかないのです。

──10秒でわかるレビュー──

☑ 定年を迎え悩みを抱える人が急増している。
☑ あなたが扱っている商品を大切な人にも提供できるか問うてみる。
☑ 言い訳は自分の魂には通用しない。

第二章

「業務改善」11のカギ

Business improvement

半分の時間でやる

生きるとは、すなわち「時間を使うこと」です。

たとえば、あなたが喫茶店で一時間過ごすときに、五〇〇円のコーヒー一杯だけで済ますことも、ケーキも頼んで一〇〇〇円以上支払うこともあるでしょう。このように、お金については「自分の意志で」使うことも使わないこともできるし、使い過ぎてしまったら副業をするなどして補填《ほてん》することも可能です。つまり、ある程度自分でコントロールできるものです。

しかし、**時間は万人に共通です。お金を積んでも取り戻せませんし、誰かから買い取ることもできません。**

だから私は、**なにをする場合も「半分の時間でやるにはどうしたらいいか」を真剣に考える**ようにしています。

まず、そのように**「譲れない自分事」として時間を捉えることから、業務の効率化は生まれます。**

たとえば、雑誌の連載記事を書くときに、これまで平均して四時間かかっていたなら、「どうすれば二時間で書けるか」を考えるのです。

あるいは、朝の身支度に毎朝一時間かけていたなら、「三〇分で整えるにはどうしたらいいか」を考えます。

すると、いろいろ効率化を図れるポイントが見えてきます。

雑誌の記事なら、テーマに沿った資料を前もってスタッフに集めてもらい、移動時間などに読んでおくと、パソコンの前に座ったときには、あらかたアイデアはまとまっています。

朝の身支度なら、前日に天気予報を見て服装を決め、すべてひとまとめにしてハンガーに掛けておけば、かなりの時間短縮になります。

もちろん、結果的に半分にはできないこともたくさんあります。**しかし、一〇分でも二〇分でもかかる時間を減らしていけば、その分ほかのことをやる時間を生み出せます。**

また、日頃からそういうクセをつけていけば、なにをやるにも短時間でこなせるようになり、「そもそも、これまで時間をかけ過ぎていただけなんだ」ということに気づきます。

あなたの会社でも取引先でも、ちょっとした打ち合わせや会議に一時間くらいとるのが当たり前になっていないでしょうか。午後二時に会議室に集合したら、三時まではかかるものだと。

でも、本当は最初の一〇分くらいで連絡事項は伝わるし、長引いたとしても三〇分あれば十分なのです。

人は、短い時間しか確保できないなら短いなりになんとかできるものです。ただ、やってこなかっただけです。

最初から「三〇分で終了」というルールにしてしまえば、三〇分しかないならどうしたらいいか各自が考え、それぞれが準備してきます。その分、かえって内容が濃くなったりもします。

それでも、会社やチーム単位のことは、なかなか変えにくいかもしれません。だからこそ、あなた個人の仕事については、大いに効率化を図りましょう。

無駄な業務の洗い出し

① **排除**
Eliminate
【なくせないか?】

② **結合**
Combine
【一緒にできないか?】

③ **交換**
Rearrange / Replace
【入れ替えられないか?】

④ **簡素化**
Simplify
【単純にできないか?】

業務を整理する4つのポイントを念頭に、作業をなくせないか、一緒にできないか、誰かにやってもらえないか、シンプルにできないかを検討する

たとえば、資料づくりについて、「今日中に仕上げよう」とゴール設定すれば、どう頑張っても今日中にしか終わりません。でも、「今から三時間で仕上げる」と思えば、三時間で終えられる努力をします。

　あなたの周囲には、仕事が早い人がいるはずです。そういう人をじっくり観察してみてください。**彼らは、飛び抜けて優秀だから早く終わっているというよりも、余計なことをしていないだけなのです。**

　あなたが二時間かけている仕事を一時間で終わらせている人がいたら、観察し細かく行動を分解しながら比べてみましょう。すると、あなたはやっているのに、その人はやっていないことが見つかります。そう

した無駄を捨てましょう。

いずれにしても、今かけている時間が「妥当」だと思わないこと。

自分で限界をつくっている限り、今以上の効率化は望めません。「半分にできる」という前提で始めましょう。


――10秒でわかるレビュー――

- ☑ 時間は万人に共通のもの。
- ☑ 「半分の時間でやる」というルールをつくる。
- ☑ 無駄な作業を捨てる。

◉業務改善のカギ2

パソコン一台で仕事はできる

「あなたの仕事はパソコン一台あれば十分ですか？」

この問いに答えてもらえば、その人がどのくらい業務の効率化を図れているかがわかります。**たいていの仕事は、効率化さえ図れていればパソコン一台あれば十分にできる**はずなのです。

もちろん、エステティシャンや美容師など、顧客に直接的に接するしかない職種もあります。そうでない限り、パソコンの機能を駆使すればすべて事足ります。今は、医師ですらリモート診療が可能になっているのですから。

ところが、ＩＴリテラシーの低い人は、パソコンは一部の業務を補填するだけの機械であり、最後は人とちゃんと対面しなければ仕事にならないと考えています。

たとえば、営業職がその典型です。

仮に一五分の時間を顧客から空けてもらったとして、かつて売れた古いタイプの営業は、最初の一四分を雑談に割き、最後の一分でクロージングに持っていくパターンがほとんどでした。

そんな彼らは、リモートワークで顧客に直接会えなくなると、得意の雑談能力も生かせなくなり、ひどく業績を落としています。

一方で、**若い世代を中心に、リモートならではの利点を生かして成績を伸ばしている人も多くいます。**

彼らは、対話している相手のニーズに合わせ、パソコン内に保存しておいた関連資料はもちろん、場合によっては社内のデータも、画面上で共有しながら丁寧な説明を行えます。

書類のやりとりもインターネットを介して、必要なものはすぐに渡せるし、紛失の心配もありません。

新たな懸案事項が生じるたびに、「では、それについては持ち帰って検討し、来週また伺います」という古い営業スタイルより、忙しい顧客にとってはありがたいのです。

本当は、パソコン一台あれば、顧客に限らず社内の人間とも直接会う必要などほと

んどありません。

ある企業で、二〇代の社員が、リモートワーク中であるにもかかわらず上司から会社に呼び出されました。「どこに資料があるかわからない」ということだったのですが、それらは全部、オンラインのデータ共有サービスのＤｒｏｐｂｏｘに入っていたそうです。

要するに、上司は「みんなと共有してすべての資料を持っている」状態であったにもかかわらず、パソコンリテラシーが低いがゆえに「自分のところにはない」と言い張っていたわけです。

パソコンやインターネットの扱いについて、年齢を理由に「よくわからない」と言うのは許されません。学ばなくてはダメなのです。

今、テクハラ（テクノロジーハラスメント）が問題になっており、それはどちらかというと若い世代から上の世代に対して行われます。

「こんなこともできないの」とばかり、嘲笑《ちょうしょう》したりため息をつかれることで傷つき、よけいにＩＴ嫌いになってしまう人も多いようです。しかし、個の時代には、そうしたことは克服していかねばなりません。

もし、あなたが、自分用のパソコンを会社から与えられていながら**「リモートでは仕事がやりにくいな」と考えているとしたら、そういう自分に相当な危機感を持ったほうがいいでしょう。**それはすなわち、これからの**企業が求める人材とはかけ離れている可能性が高いからです。**

わからないことは周囲に聞いてかまわないと思います。しかし、聞いたら覚えましょう。覚えられないのは難しいからではなく、どこか甘えがあるからです。

――10秒でわかるレビュー――

- ☑ **成績を伸ばしている若い世代を観察する。**
- ☑ **パソコン一台でコミュニケーションをとる。**
- ☑ **パソコンやインターネットのリテラシーを高める。**

◉業務改善のカギ3

「やりたくないこと」から戦略を練る

私は学生時代から、社会人になったら「できる限り現場には立ちたくない」と考えてきました。営業に行ったり、プレゼンをしたり、満員電車に乗ったり、残業したりが嫌だったのです。

もちろん、ただ「嫌だ」と言っているだけではどうにもなりませんから、「そのためにはどうしたらいいか」を真剣に検討し、起業しました。

もっとも、最初からそれができたわけではありません。大学を卒業してサラリーマンも経験しました。そのなかでも、「できる限り現場に立たずに収益を上げるにはどうしたらいいか」ばかり考えていました。その結果が現在なのです。

起業して間もない頃は、セミナーも営業も私が自ら行っていましたが、だんだんとほかのスタッフにまかせられるようになり、今ではほとんど現場に立たずに済んでいます。

現場に立つ時間を圧縮したことで、経営者である私は、その時間を使ってより先を見据えた戦略づくりに没頭できます。そのためか、コロナ禍にあっても、我が社は過去最高収益を上げることができました。

私のように「やりたくないこと」をあぶり出せば、それをしないで業績を上げるにはどうしたらいいかという、極めて戦略的思考が可能になります。

しかしながら、大きな問題が起きると、多くの経営者が現場の先頭に立って指揮を執ろうとします。すると、どうしても目の前のことで手一杯となり、大局について考える時間を持つことができません。そのため、最も大事なところで対応が遅れてしまうのです。

さらに、マネジャーや一般社員の場合、やりたくないことを明確にすると、仕事の分担が上手にできます。

やりたくないことは不得意分野であることが多いので、それをほかの人に回したり、アウトソーシングすれば効率がいいわけです。

ところが、これまで「上から言われたことをやってきた」タイプの人は、さまざまなタスクについて、「やりたいこと」「やりたくないこと」「やらねばならないこと」などの色分けがなかなかできません。自分がなにをやりたいのかさえ、よくわかっていないのです。

あるいは、やりたいことならともかく、やりたくないことなど仕事に見出してはいけないと思い込んでいるようです。

その思い込みが、あなたの効率化を阻んでいます。**やりたくないことを明確にするのは、紛れもなく効率化の第一歩だと考えてください。**

早速、やりたくないことをリストアップしてみましょう。

あるアンケートによれば、「満員の通勤電車に乗りたくない」という人は八割を超えています。それなのに、今なお「嫌だから通勤電車に乗らない」という選択をしている人はほとんどいません。「そんなこと無理だ」と諦めているのでしょう。

人間は、基本的には古い習慣に沿って行動をしたがるものです。なぜならば、楽だからです。そこから変わるきっかけとして、環境をつくることもよいでしょう。

たとえば、思いっきり生活を朝型に変えて、始発電車を利用するというのも一つの手です。歩いて会社に通えるところに引っ越すことだって考えられます。

会社が決めた始業時刻より早く行っても早出手当が出ないから損だとか、会社から支給される交通費は使わないとバカらしいという、軸足を会社に置いた発想は捨ててください。まずは、やりたくないことを自分軸で決めましょう。

――10秒でわかるレビュー――

☑「やりたくないこと」をリストアップする。
☑変わるきっかけとして環境をつくる。
☑軸足を会社に置いた発想を捨てる。

◉業務改善のカギ4

定型業務はルーティン化する

毎日の仕事に必ずといっていいほど入ってくるのが、メールを打つ、資料を作成するといった業務です。こうした日常的な業務にどのくらいの時間を使うかによって、生産性がまったく違ってきます。

私がアドバイスしておきたいのは、こうした定型業務について「八割はひな形を使え」ということです。

たとえば、大事なクライアントへのメールでは、失礼がないようにと丁寧な挨拶から始める人が多いでしょう。でも、おそらく本当に伝えたいことは一〜二行くらいしかないはずです。だったら、その一〜二行以外はひな形でいいわけです。

冒頭の挨拶文と、末尾の締めの文章をひな形でしっかりつくっておき、それをコピペして本当に伝えたい一〜二行を挟めばおしまい。

依頼バージョン、発注バージョン、受注バージョン、お礼バージョン、お詫びバージョン、お知らせバージョンなど、業務内容に応じていくつかひな形をつくっておけば完璧です。

資料作成も同様です。一からつくる必要はありません。外資系のコンサルティング企業など、クライアントに分厚い資料を提出し、「いかに御社について研究しているか」をアピールします。しかし、その資料の八割はひな形です。要するに、使い回しているわけです。

でも、世の中の情勢分析など、いちいち変える必要のない部分が多いのは確かですし、なによりクライアントが喜んでくれるなら、それでいいわけです。

ビジネスは結果です。いかに時間をかけたかなど関係ありません。結果につながらない無駄なことに時間をかけていても、誰からも評価されません。

ある企業のマネジャーは、業務開始にあたって毎朝、五名いる部下にその日の予定を確認するメールを送っていました。それだけで三〇分以上費やしていたのですが、定型文にして三分で済ませられるようになったそうです。

―10秒でわかるレビュー―

☑ 日常的な業務を効率化する。

☑ 定型業務の八割はひな型を使う。

☑ ビジネスは時間ではなく、結果。

まねは一番の学び

前項で紹介したマネジャーが、毎日の部下へのメールにひな形を用いるようになったのは、同期の優秀なマネジャーがそうしているのを知ったからです。しかも、その優秀なマネジャーの文面をコピペさせてもらったそうです。

行動科学マネジメントでは、「モデリング」を大いに推奨しています。優れた人を見つけ、自分のモデルとしてまねをするのは少しも恥じることではありません。**実際に、優秀な人ほどまね上手です。**

もっとも、二〇～三〇代の人たちは、すでに随所にモデリングを取り入れています。彼らはもともと、いいことはどんどんシェアする精神を有しています。私がアドバイスしている企業の会議などを見ていても、それが顕著です。

たとえば、六人のグループで新しい企画を検討していたときのことです。それぞれ

アイデアや情報は共有する

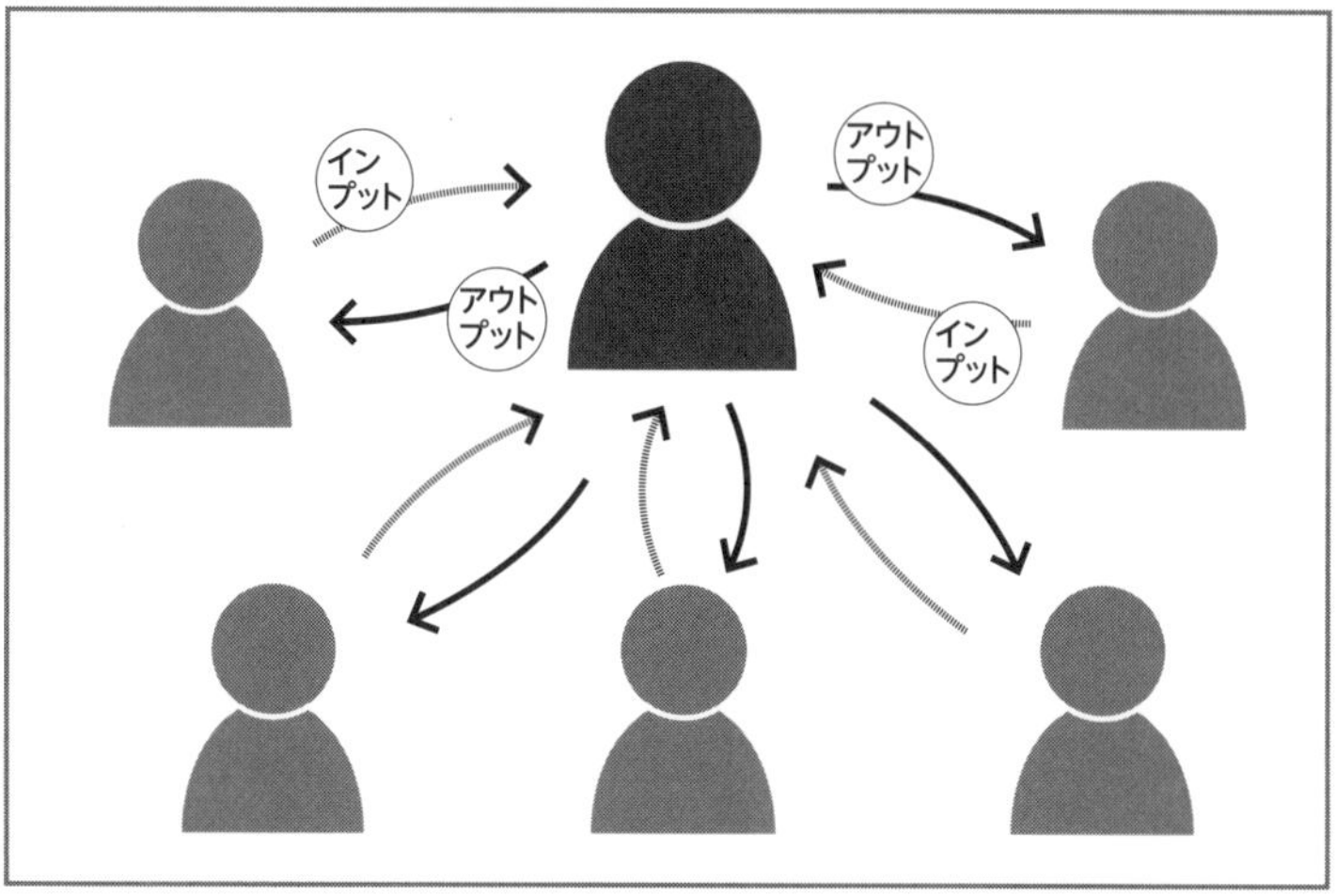

アイデアや情報をアウトプットし、会話の中でインプットすることで学びにつながる

が自分の持っているアイデアや情報をアウトプットし、すぐに共有していたのです。すると、そこにいる全員がほかの五人の分のアイデアや情報をインプットできるわけです。それは、そのまま学びとなります。

ところが、四〇～五〇代と年齢が上がると、メモすら共有したがりません。

彼らは、自分が考えたことは簡単にアウトプットしません。それによって、他者に盗まれたりまねされることを恐れるようです。

しかしこれでは、自分のアイデアは守れるかもしれませんが、いつまでも一つの考えに凝り固まってしまい殻を破れません。

情報はインプットも重要ですが、アウト

プットのほうがさらに重要です。人に伝えることは、言語化することです。言語化することで、アイデアが練り上げられ、人と話すことでさらなるインプットが可能になるのです。

インプットとアウトプットを繰り返していくことで、情報収集、アイデアの蓄積、さらなる情報の収集という好循環が生まれます。

――10秒でわかるレビュー――

☑ 優れた人のやっていることをまねする。
☑ インプットよりアウトプットを重視する。
☑ 人に伝えたいことは、言語化する。

◉業務改善のカギ6

コミュニケーションを標準化する

リモートワークが増えてきたことで、上司世代がよく口にする悩みが「部下とのコミュニケーションがとれない」というものです。彼らは、コミュニケーションは実際に対面しなければ成り立たないものだと思い込んでいます。

しかし、そうした古いタイプの上司がコミュニケーションだと考えていることは、実はパワハラにもつながりやすいのです。

上司が部下を飲み会に誘うのは、その典型です。上司は奢《おご》ってご満悦でも、プライベートな時間を奪われた部下からすればパワハラ以外のなにものでもありません。

あるＩＴ関連の企業でマネジャーを務める四〇代の男性は、しょっちゅう部下を会議室に呼び出しては「困ったことがあったら言ってくれ」と話しかけていました。ときには、プライベートなことまで話題に取り上げました。それが、コミュニケーションだと思っていたからです。

しかし、部下にとってはありがた迷惑です。上司は親ではないのですから、仕事さえきちんと進めてくれればそれでいいのです。

これからの時代に必須なのは、「その場に合った」人間関係を築くコミュニケーションです。仕事場の人間関係なら、ビジネスの内容を話す以外は挨拶やちょっとした雑談ができれば十分です。

そして、こうしたコミュニケーションこそ、**個別にベタベタ対応せずに「標準化」してしまいましょう。**標準化には、チェックリストを活用すると便利です。

たとえば、毎週、月曜日の午前一〇時から一五分間、チーム全員でのオンラインミーティングを設定したとします。

そのシチュエーションのセリフまで決め、チェックリストに落とし込んでおきます。

「みんな、おはよう!」

「朝ご飯はなにを食べたの?」

こんなレベルでいいのです。そして、返ってきた答えに対しては、必ず「共感」の一言を伝えます。

オンラインミーティングのチェックリスト

- ☑ リマインダーを15分前に設定
- ☑ パソコンの高さとライティングの調整
- ☑ オンタイムでスタート
- ☑ 挨拶
- ☑ アイスブレイクから入る
- ☑ 共感を入れる
- ☑ 体を動かす運動（あいうえお体操など）
- ☑ 本題へ

コミュニケーションを標準化するにはチェックリストを活用しよう

「Aさん、朝ご飯はなにを食べたの？」

「ホットサンドです」

「ホットサンドか。美味しそうだね」

「B君は、なに食べたの？」

「朝からうどんです」

「うどんか、いいね。僕も好きだよ」

「C君は、なにを食べたの？」

「食べ損ねちゃいました」

「あらら。そういうこともあるよね」


こうして、アイスブレイク（軽めの関係づくりのトーク）を一通り終えてから、ミーティングの本題に入るといいでしょう。

ただし、「軽め」と「いいかげん」は違います。**コミュニケーションを標準化するときに大事なのは、いいかげんにしないこ**

と。**「決めたことはやる」という固い決意**が求められます。

万が一にも、決めておきながら忘れたり、自己都合で開始時刻に遅れるというようなことがあってはなりません。

そのために、手軽で便利なアプリのリマインダー機能を活用しましょう。毎週、月曜日の午前一〇時からミーティングをするのであれば、月曜日の九時四五分にはアラーム音が鳴るようにセットしておきましょう。それを聞くまでは、すっかり忘れていてもいいわけですから、ほかの仕事に没頭できます。

――10秒でわかるレビュー――

☑ **対面しなくても成り立つコミュニケーションを確立する。**

☑ **「その場に合った」人間関係を築くだけでよい。**

☑ **コミュニケーションは「標準化」できる。**

◉業務改善のカギ 7

オンラインで距離は近くなった

私の会社の三〇代前半の男性社員が、最近、急激に売り上げを伸ばしています。その理由を分析してみると、彼はオンラインならではのコミュニケーション能力に長けているのだとわかってきました。

彼が明るくにこにこ接すると、はじめてモニター上で顔を合わせる顧客もすっかりリラックスするようです。

私の世代から見ると、ちょっとフランク過ぎるかなと感じるのですが、あえてやっているのです。

一方で、**四〇代以上の人は、オンラインになると逆にかしこまってしまいます。**対面でない分、失礼があってはならないと思うようです。**しかし、オンラインには「かしこまり」は禁物なのです。**

オンラインでは、対面と違って、話しているほうは「聞こえているかどうか」不安になります。それなのに、かしこまって黙って拝聴しているだけでは、相手の緊張感は高まるばかりです。

逆に、頻繁に相づちを入れたり、うなずいて見せたりという友だちのような反応が相手を安心させます。

フランクに接することについて、「無礼じゃないか」と心配するのは古い考えです。こちらが相手を信頼してフランクに接すれば、相手もその信頼を受け止めて同じように心を開いてくれます。

こういう発想の切り替えができるかできないかが、今後、問われてきます。

オンラインコミュニケーションに関する認識を、一八〇度変えましょう。**オンラインによって、相手との関係は遠くなったのではありません。近くなったのです。**フランクに接することができるようになったのです。

また、たくさんの人とも会えるようになりました。

直接訪問では、せいぜい一日に三人の顧客としか会えなかったのが、移動時間がないオンラインなら一〇人だって可能でしょう。

加えて、ＳＮＳなどを通して、これまでだったら電話すらできなかった人とコンタクトが取れる時代です。

「オンラインになって、コミュニケーションが減った」というのは大きな間違いなのです。

――10秒でわかるレビュー――

☑ オンラインには「かしこまり」は禁物。
☑ オンラインによって相手との関係は近くなった。
☑ オンラインコミュニケーションへの認識を一八〇度変えよう。

抱え込まない人が勝つ

日本のGDPは世界第三位ですが、一人当たりで換算すると一気に二三位まで落ちます（二〇二〇年）。つまり、日本人のビジネスは生産性が低く極めて非効率なのです。

この時代に効率よく売り上げを立てていくためには、仕事に人を割り当てる「ジョブ型」が望ましく、多くの企業が目指しています。ところが、いくら企業がそうしようと思っても、日本ではまだまだ人に仕事を割り振る「メンバーシップ型」が大部分を占めています。

おそらく、**「この仕事は俺がやらなければ」と思い込んでいる人が多いのです。**

しかし、実際には「俺がやらなければならない」仕事などありません。その証拠に、優秀といわれている社員が長い休みを取っても、会社の仕事は何事もなかったように

一人当たりのGDPの国別ランキング

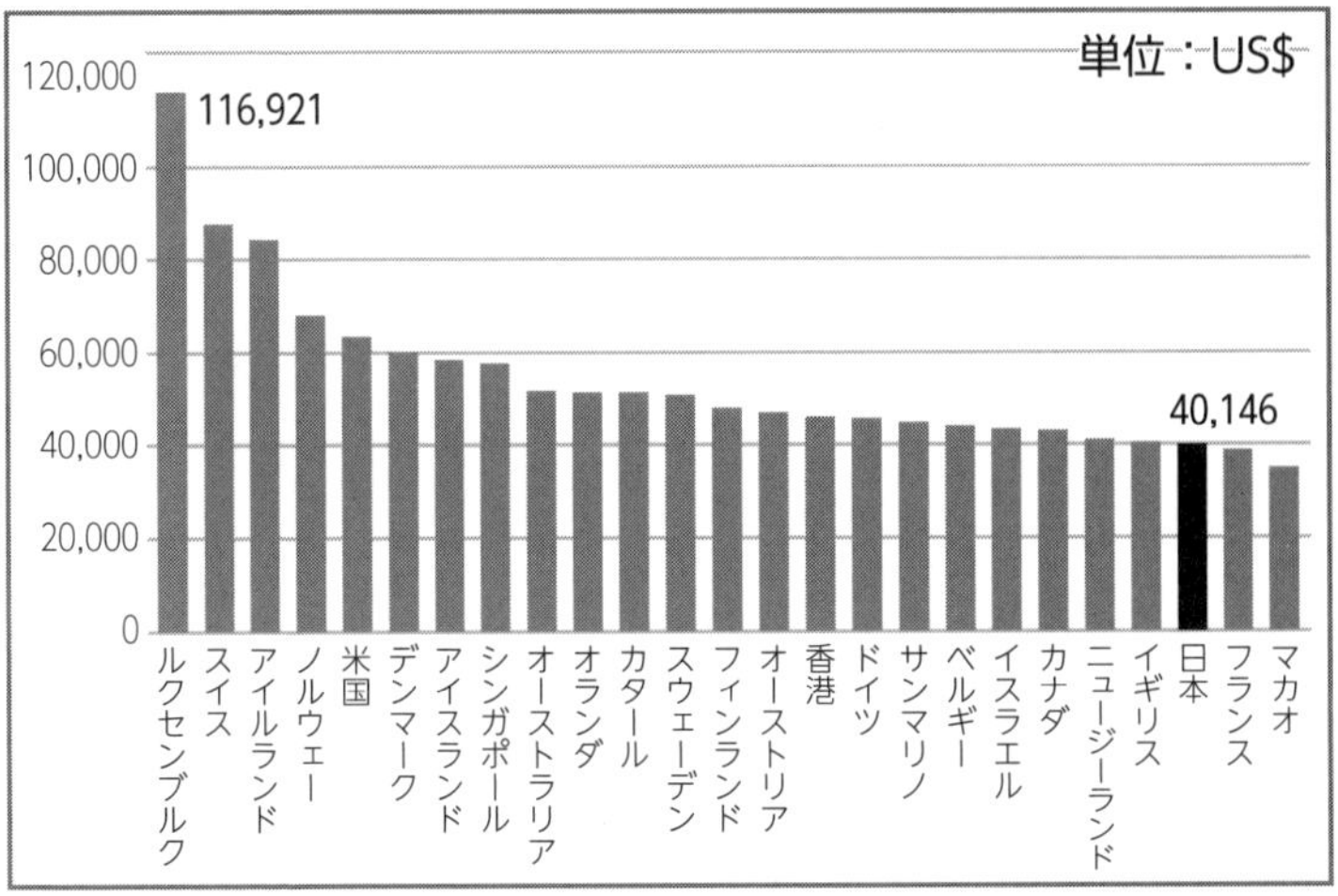

日本のGDPは世界第3位だが、一人当たりで換算すると一気に23位まで落ちる（2020年）

回っているものです。

だから、あなたにできる仕事はほかの人でもできます。無理して抱え込まずに、安心して手放しましょう。

そのときに、ほかの人はその人のやり方をするでしょうが、結果さえ出せればそれでいいのです。まずは、そこをしっかり認識してください。

みんな、自分の仕事のやり方が正しいと思っています。それは、認知がゆがんでいるのです。

たとえば、「営業では訪問をしなくてはならない」というのも、「丁寧に時間をかけることが大事だ」というのも認知のゆがみです。

私の会社にも、「とにかく初回は必ず相手を訪問し、その後、丁寧なフォローメールを送る」がポリシーの女性社員がいます。彼女は「これだけは譲れない大事なポイント」と思っているようですが、ほかのスタッフからすると謎のルールです。とても優秀な社員ですが、そういう人材でも認知のゆがみはあるということでしょう。

実は、彼女が数か月の休暇を取ったとき、部下たちはその謎のルールには従わず、それぞれ自分のやり方で新規顧客を開拓していきました。

訪問は必要なく、初回からオンラインでまったく問題ありませんでした。

フォローメールは定型文にしておいたものに、一行書き加えるだけで済みました。

休暇から戻った彼女はそれを知って驚愕し、これまでの自分の仕事のやり方を見直して、より効率的な方法を探っていきました。

すると、「ほとんどの仕事は部下にまかせられる」と気づいたのです。

二〇～三〇代の若い世代は、マンガ『ONE PIECE』に代表されるように、**チームワークでなにかを成し遂げることが好きです。**

そして、**そこにリーダー的な縦の役割は求めません。**情報は横のつながりで共有し合い、**一人ひとりがそれぞれ得意なことをすればいいのだと考えています。**

ところが、四〇代以上の人たちは、「自分が成果を出してナンボ」にこだわり、人に仕事をまかせることができず抱え込みます。

しかし、そういう働き方を企業は望んでいません。

箱根駅伝を見ていると、飛び抜けて強いエースを擁する大学と、とくにエースはいないけれどみんながそこそこ走れる大学に分かれます。エース頼みの大学は、その選手の調子が悪ければ負けてしまいます。企業はそれではまずいのです。

二割のハイパフォーマーが売り上げの八割を上げているという「二対八の法則」を放置していたら、なにが起きるかわからないこれからの時代、企業はもはや生き残っていけません。

それよりも、**多くのミドルパフォーマーに一定の業績を残してもらうほうがいいから こそ、企業もジョブ型重視に変わってきているのです。**

そういう流れがあるなかで、**仕事を抱え込んでいたら評価は落ちるだけです。**さまざまなタスクについて、部下や後輩にまかせられるものがないか検討し、どんどん手放しましょう。そして、空いた時間は勉強など別のことに使いましょう。

自分で仕事を抱え込んでまで、ハイパフォーマーの地位を確立しようとするのはやめましょう。そういうやり方で上位二割に入るのは、相当大変です。

それよりも、ジョブ型の仕事を確実にこなし、残業せずに会社を出て、時間を有意義に使ってください。

―10秒でわかるレビュー―

☑ 自分の仕事のやり方が正しいという認知のゆがみは捨てる。
☑ 仕事を抱え込んでいたら評価されない。
☑ ジョブ型の仕事を確実にこなし、時間を有意義に使う。

◉業務改善のカギ9

仕事を分解・棚卸しする

コロナ禍で、仕事のやり方を変えざるを得なくなった人は多いはずです。

それを**「つらくて大変なこと」**と捉えず、**今までやってきたアナログな仕事の棚卸しをするいい機会だと捉えましょう。**

アナログだった自分の仕事を棚卸しするにあたっては、アナログな方法でかまいません。美味しいコーヒーでも飲みながら、付箋とペンを持ってあなたの仕事を細かく分解してみましょう。

分解した仕事を付箋に書き込み、自分にしかできないものと、自分でない人でもできるものに分けていきます。

一回で終わらせてはいけません。分けたものを何度か見直してください。すると、だんだんと自分にしかできない仕事は減っていき、自分でない人でもできるものに付箋が移動していくはずです。それでいいのです。

もし、「自分にしかできないものがほとんどなくなった」のなら、それは無能なのではなく、非常に有能な証《あかし》です。その人は、マネジメント能力が高く、経営者的な発想ができるということです。

なお、「このタスクはどちらにすべきか判断がつかない」と感じたなら、それは「分解」が足りないからです。

たとえば「顧客フォロー」と一口に言っても、その手法によってより細かく分かれますね。それを徹底的に分解していきます。すると、「週に一度の確認電話は自分でかけて、資料送付やメールでの確認は部下にまかせられる」と振り分けられるでしょう。

行動科学マネジメントでは、曖昧な表現を認めず、誰が見てもわかるところまで行動を分解していきます。

ところが、この「行動を分解する」ということが、みんななかなかできないのです。

ここでは試しに、代表的な行動分解のワークである「ペットボトルの水をコップに注ぐ」を例に挙げてみましょう。

「ペットボトルの水をコップに注ぐ」動作の行動分解例

- □ ペットボトルを見る
- □ ペットボトルに利き手の反対の手を伸ばす
- □ 利き手でキャップをつかむ
- □ キャップを反時計回りにまわして開ける
- □ 飲み口が見えたらキャップを外してテーブルに置く
- □ 利き手でペットボトルを持ち上げる
- □ 利き手の反対の手でコップがずれないように手をそえる
- □ ペットボトルを 30 度に傾けてコップに水を注ぐ
- □ コップの 8 分目まで水が入ったらペットボトルを垂直に戻す

曖昧な表現をせず、誰が見てもわかるところまで行動を分解していく

上記のように、一連の行動を分解してみてください。もっと細かく分解できたという人は優秀な証拠です。

細かい分解が大事なのは、それによって、あまり重要でない行動と、利益に直結する行動が見えてくるからです。

行動科学マネジメントでは、利益に直結する行動を「ピンポイント行動」と呼んで非常に重視します。限られた時間になにもかも自分で抱え込もうとせず、ピンポイント行動に狙いをつけていくためにも、細かい行動分解が必要なのです。

10秒でわかるレビュー

☑ 仕事を細かく分析して書き出してみる。

☑ 自分にしかできない仕事を選別する。

☑ 細かな分析をして「ピンポイント行動」を見つける。

◉業務改善のカギ10

効率のいい役割分担

あなたが部下に仕事を振るとき、なにを基準に判断しているでしょうか。

私の場合は、その人間が得意なことをやらせるようにしています。むしろ、得意なことしかやらせないといったほうが正確です。

人には、それぞれ得意不得意があり、不得意を克服することは容易ではありません。あえてそれをやらせようとする上司もいますが、そういう根性主義は部下のメンタルに大きな負荷をかけます。それに、**頑張ってもいい結果につながりにくいので、不得意を克服する必要はないというのが私の考えです。**

実際に、若い世代の人たちは、自分の得意不得意をわかっていて、得意なことを生かせる場を求めています。営業が得意な人は営業で、企画が得意な人は企画で貢献できればいいと考えています。だから、私のやり方は彼らのニーズとマッチしているわけです。

ところが、四〇代以上の上司たちは、自分自身についても部下についても、「なにもかも得意」を理想とします。**そういう上司は、部下の「できること」よりも「できないこと」を見つけたがります。**

「A君は、新規開拓は上手いんだけど、継続できないんだよね」

「Bさんは、フォローは丁寧なんだけど、臆病だから新規がダメなんだよね」

だから、どちらも「使えない」となるのです。そして、A君に「もっと継続しろ」、Bさんに「新規開拓しろ」と、苦手な行動を強要して潰してしまう結果となります。

この場合、A君を新規開拓に、Bさんを継続フォローに特化させれば、とてもいい成績が挙げられるはずなのです。

かつてのように、新卒採用者を一括採用し、同じように育てていればよかった時代には、「足並みを揃える」社員教育も意味があったかもしれません。しかし、**今は、それぞれの長所を伸ばしていく「タレントマネジメント」が必要な時代です。**

そのためには、徹底した行動観察が欠かせません。「あいつは素直だ」とか「頑張り屋だ」という感情に基づいた曖昧な評価ではなく、なにが得意で、どういうところでつまずいてしまうのかといった、行動をよくよく見てあげることが大事です。

そして、**その人に一番、得意なことをやらせれば結果につながります。それは、本人のためであると同時に、上司のためでもあるのです。**

なお、実際に部下に仕事を振るときには、流れを記したチェックリストを用意しておきましょう。得意な分野では、人はどうしても油断します。そんなときに、**チェックリストがあれば、つまらないミスも防げます。**

また、得意な人がチェックリストを使って仕事を標準化すれば、やがて不得意な人でもそれができるようになるでしょう。

――10秒でわかるレビュー――

- ☑ 部下には得意な仕事をやらせる。
- ☑ 「できないこと」より「できること」にフォーカスする。
- ☑ 長所を伸ばしていく「タレントマネジメント」が必要な時代。

アウトソーシングを活用する

仕事の効率化には、アウトソーシングの活用も一役買います。

アウトソーシングについて、「コストがかかる」という理由で諦め、自分またはチームで仕事を抱え込むケースが多く見受けられます。しかし、その実、具体的なコスト計算はしていなかったりします。

経営者ではなく給料をもらう立場だと、コスト計算は極めて表面的なものになりがちです。単純に「いくらかかったか」だけを気にしてしまうのです。となれば、アウトソーシングには、なかなか踏み切れません。

しかし、**大事なのは本質的なコストパフォーマンスです。**アウトソーシングに**よって二倍のコストがかかったとしても、三倍の利益が上がればいいわけです。**

会社は効率よく売り上げを立てることを望んでいるのですから、とくにマネジャー

アウトソーシングの実例

経営的視点のアウトソーシング

・事務職　・営業

部署でできるアウトソーシング

・メルマガ配信
・資料づくり
・動画作成

アウトソーシングによって2倍のコストがかかったとしても3倍の利益が上がればいい

職であるなら、そういう見地《けんち》からの検討は必須です。

しかも、**これからは一人ひとりが自分株式会社を経営する発想で生きていかねばならない時代です。**なおさら、コスト計算能力が求められます。

具体的に、去年、あなたやあなたのチームがやった仕事を書き出し、それにかけた時間も割り出してみてください。時給換算すれば、どれだけのコストを費やしたかだいたいのところがわかるでしょう。

と同時に、それをアウトソーシングしたときの料金も調べてみましょう。

その結果、抱え込むことでかえって損失を出しているのなら、方針転換しましょう。

これまで自分たちがやっていた仕事を他者にまかせると、しばらくはやりにくさを感じるかもしれません。しかし、それもやがて慣れます。早くまかせれば、それだけ早く軌道に乗ります。

一方で、慣れるまでのわずかな手間を嫌がっていれば、いつまでたっても抱え込む人から脱却できません。しかも、**抱え込んでいるタスクは相変わらず同じもので、新しいことに挑戦する時間も取れないわけですから、大きな成長も望めません。**

いろいろ抱え込んでいると、それに精一杯で大局が見えなくなり、本当に自分がやるべきことを見失います。これが一番危険なのです。

——10秒でわかるレビュー——

- ☑ **表面的なコスト計算をしない。**
- ☑ **本質的なコストパフォーマンスを大事にする。**
- ☑ **抱え込むことで挑戦の機会を失いかねない。**

第三章

「ストレスコントロール」12のポイント

Stress control

新時代のストレスマネジメント

日本のビジネスパーソンを悩ませるストレスの原因は、大きく二つあります。
一つは、人間関係。もう一つは、仕事が多過ぎることです。
これらの要素は、いつの時代も変わらず多くの人たちを苦しめていますが、コロナ禍でその質が変化しつつあります。

まず、人間関係についてですが、会社でしょっちゅう顔を突き合わせているときには「煩《わずら》わしい」ものでした。

部下にとっては「上司が口うるさく指示してくる」のが耐えられず、上司にしてみたら「使えない部下を育てなくてはならない」のが面倒。そうした煩わしさこそがストレスでした。

ところが、**リモートワークになると一転し、今度は、コミュニケーション不足で**

「不安だ」と感じる人が増えています。

部下は、上司から見てもらえないことで承認欲求が満たされず、また直接の指示がないことで不安を募らせています。

一方、上司は、部下の表情を直接見て確かめることができないため、もっと仕事をまかせていいのか、それとも負荷がかかりすぎているのかといった判断が下せず、こちらもまた不安が拭えません。

つまり、**以前は対面のコミュニケーションに嫌気がさしていたのに、リモートワークで会う機会が減ったら、それはそれでストレスになっているのです。**

ただし、こういうネガティブなケースばかりではなく、会えないことをきっかけにお互いのいいところに気づいたり、かえって以前より気持ちよくコミュニケーションがとれるようになった人たちもいます。

もう一つの、仕事が多過ぎることについては、コロナ禍を改革のチャンスにできている人と、さらに悪化させている人に分かれるようです。

コロナ禍では、「仕事は会社でするもの」「仕事相手には会って話をするもの」という、これまでの常識が否応なく覆されました。

覆されてみて、「これは良い」と感じた人たちは、より効率的な仕事のやり方を模索し、長時間労働の短縮に成功しつつあります。

一方で、「これは困った」と言う人たちもいて、彼らは「会社でない場所」や「人と会えない状況」で、どうやって仕事をしていいかわからずうろたえています。そして、「なんとかしなければ」とむやみに動いて、かえって以前よりも労働時間を増やしているのです。あなたは、どちらでしょうか。

もし、「リモートワークでストレスが増大した」と感じているなら、自分のビジネススタイルを見直す時期に来ているのかもしれません。

――10秒でわかるレビュー――

- ☑ **コミュニケーション不足で不安を感じている。**
- ☑ **コロナ禍でこれまでの常識は覆された。**
- ☑ **リモートワークでストレスが増えていないか。**

◉ストレスコントロールのポイント2

「休み」と「振り返り」が必須

「リモートワークを取り入れたことで、仕事ができない従業員があぶり出された」という企業経営者の声をよく聞きます。彼らが「最もダメ」と断ずるのは、これまで長時間会社に残り熱心そうに振る舞っていたけれど、自宅で自由に仕事をやらせたら、なにもできなかったという人たちです。

リモートワークにおいては、仕事の配分や進め方など自分で決めることが増え、セルフマネジメントの重要性が以前にも増しています。

セルフマネジメント能力が高い人は、効率よく成果を出すためには休むことが不可欠だと知っており、日頃から行動に移しています。

一方で、「休んでいたら評価が下がる」という発想をする人たちは、結果も出さずにいたずらに長時間働いているフリをして、余計に評価を下げています。

リフレクションのABC理論

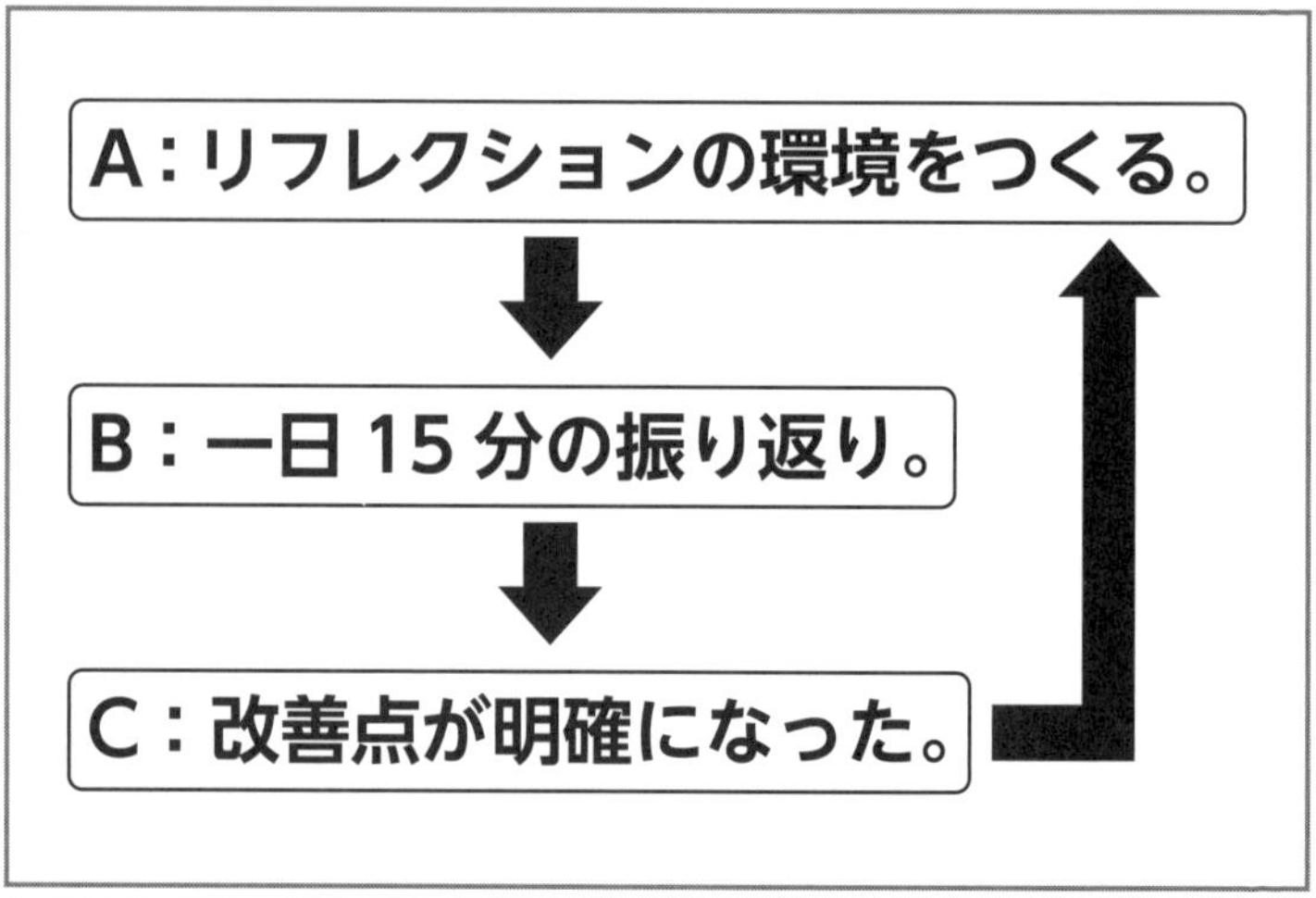
A：リフレクションの環境をつくる。
B：一日15分の振り返り。
C：改善点が明確になった。

先行条件（A）、行動（B）、結果（C）が好循環すれば、より習慣化しやすくなる

きちんと結果を出す人でいるために、リモートワーク中はもちろん、会社でも意識的に休憩を取りましょう。

たとえば、「四五分間集中したら五分休む」といったスケジュールを自分で決めましょう。ただ、仕事が乗ってくると、忘れてしまいますから、タイマーをセットするなどの工夫が必要です。

また、**一日の業務の終了前には、一五分程度のリフレクションタイムを持ってください。**そして、いろいろ振り返り、心に浮かんだことを手帳に書き記してみましょう。

たとえ、「振り返るほどのことはなにもなかった」としても、必ず一五分を割いてください。じっくり考えてみれば、「なにもなかった」ということはあり得ません。そうしたものを掘り起こさないと、成長も望めません。

この一五分のリフレクションタイムでなにかミスに気づけば、すぐにリカバリーできます。時間が経ってから「しまった」と思っても遅いですし、精神的な負担も重くなります。

さらには、**その一五分の振り返りによって、ネクストアクションが起こしやすくなります。**翌日になにをすべきかが明確に見えてくるので、毎日の仕事がスムーズに開始でき、成果も早く手にできるようになります。

――10秒でわかるレビュー――

☑ リモートワークで増した、セルフマネジメントの重要性。
☑ 効率よく成果を出すには休むことが不可欠。
☑ 一日の業務終了前に一五分のリフレクションタイムを設ける。

◉ストレスコントロールのポイント3

不安になりやすい

私たち人間の頭のなかには、意識するとしないにかかわらず、絶えず言葉が流れていて、その数一日に六〇〇〇～一万二〇〇〇語といわれており、その八割が否定的な思考に基づく言葉になります。

こうした言葉は「マインドトーク（自動思考）」と呼ばれ、たいていはネガティブなものです。明確な文脈は持たなくとも、「なんだか嫌だ」「不安だ」「不快だ」「イライラする」「どうせダメだ」といったニュアンスのものが多く、そうした言葉に晒《さら》されているうちにどんどんネガティブモードになっていきます。

つまり、人間はもともとネガティブになりやすい生き物なのです。とくに、日本人はその傾向が強いことがわかっています。

私たちの脳内では、ノルアドレナリン、ドーパミン、セロトニンなど感情を支配するホルモンが分泌されています。

主に、ノルアドレナリンはストレスを感じたときに、ドーパミンは喜びや快楽を抱いている興奮状態において放出されます。

一方で、セロトニンは、それらと対抗する働きをします。セロトニンが分泌されることで、ストレスを抑え気持ちを落ち着かせたり、興奮を抑えて幸福感を得ることができます。幸せホルモンと呼ばれることもあります。

つまりセロトニンは、不安感を取り除き、楽観的な気分にさせ、精神を安定させる、現代人に必須のホルモンなのです。脳内に分泌されたセロトニンは、一部が回収されて再利用されるのですが、回収するための「セロトニントランスポーター」というタンパク質には、いくつかのタイプがあります。そのタイプによって回収率に違いがあり、日本人の多くが回収率が悪い遺伝子型に属しています。

そのため、欧米など諸外国人に比べ、**たいていの日本人は脳内のセロトニン量がそもそも少なく、楽天的になりにくいわけです。**

だから、コロナ禍にあって、同じようにリモートワークで孤独感を抱いていても、欧米人よりもさらに、うつ病などにかかりやすいと言えます。

そういう状況にあって、「気は持ちようだ」といった根性論は禁物です。精神も肉体同様、疲れて当たり前なのだという正しい認識のもと、**意識的にストレスマネジメントを図っていきましょう。**

――10秒でわかるレビュー――

☑ 人間はもともとネガティブになりやすい。
☑ 「気は持ちようだ」という根性論は禁物。
☑ 意識的にストレスマネジメントを図る。

◉ストレスコントロールのポイント4

「客体化」でネガティブ感情を消す

不安やイライラした気持ちを抱えていても、たいていの人はその正体をきちんと見ないままに「不安だ」「イライラする」と思っています。

理由がわからないため、適切な対処ができずに放置することになり、不安やイライラはどんどん増幅し、ネガティブな感情の渦にのみ込まれていきます。

そこで、**感情が暴走しそうになったときには、まず「客体化」してみましょう。感情の渦にのみ込まれている主体から抜け出し、自分を「独立した操作可能なもの」にしてしまうのです。**

具体的には、「なんだか不安だ」「イライラするなあ」と感じたときに、「石田が不安に思っている」「石田がイライラしている」と客観的に捉え、それを口に出してみます。「私」などの一人称ではなく、「石田」などの固有名詞にするとより客観的に捉えられます。

声を耳から入れることで、なおさら客観視が進み、不安やイライラを抱えている自分を分離して眺めることができます。

続いて、「なぜ石田は不安なのか」「なぜ石田はイライラしているのか」と口にしてみましょう。**感情的に考えるのではなく、客観的に検討してくれる存在に問いを投げかけるのです。**

こうして冷静に分析していけば、心を乱していたものの正体が徐々に明らかになります。正体がわかった時点で、「なんだ、そんなことか」と、ネガティブな感情の半分は消滅します。

そして、当然のことながら、対処法も見えてきます。

周囲が気になって口に出せないときには、紙に書いてみるのもいいでしょう。紙に書いた情報を目から入れることで、客観視が進みます。

慣れてくると、口に出したり紙に書いたりしなくても、頭のなかで同じことができるようになります。

現実を不正確に認識させ、ネガティブな思考や感情を再強化させ得るという「認知のゆがみ」は、負の連鎖を生みあなた自身を支配していきます。客体化を身につけることで、ネガティブな感情を消し去る訓練をすることも大切なストレスコントロール術です。

認知のゆがみの思考パターン10

・**すべてか無か思考**：ものごとを白か黒かでしか考えられない。
・**一般化のしすぎ**：一度や二度の失敗や不運を、常に起きると思いこむ。
・**心のフィルター**：良いことをすべて遮断し、悪いことばかりを考える。
・**マイナス化思考**：良いことを悪いことに置き換えてしまう。
・**結論への飛躍**：妥当な根拠もなしにネガティブな結論にいたる。
・**拡大解釈と過小評価**：自分には厳しく、他人には寛容に捉える。
・**感情的決めつけ**：感情を根拠に物事を決めつけてしまう。
・**すべき思考**：自分で考えた基準が当然であるとする。
・**レッテル貼り**：間違った認知に基づいてネガティブな自己イメージを創作する。
・**個人化**：ものごとの責任が、必要以上に自分にあると考える。

10秒でわかるレビュー

☑ 感情の渦にのみ込まれないように客体化する。

☑ 不安やイライラを抱えている自分を分離する。

☑ 口に出したり、紙に書くことが大事。

◉ストレスコントロールのポイント5

グリーンエクササイズでメンタルケア

イギリスのエセックス大学の研究チームが、老若男女一二五二人を対象に、環境が精神状態に与える影響について興味深い研究を行いました。

その結果、**森林、農地、水辺など自然のなかで体を動かすと、メンタルにとてもいい影響がある**ことがわかりました。

体を動かすといっても大げさな準備は必要なく、ウォーキングやサイクリングといった運動のほか、ガーデニングや畑いじりなどの作業でも同じ効果が得られるというのです。しかも、体を動かし始めて五分で効果が現れることも証明されました。

そして、こうした研究結果をもとに「グリーンエクササイズ」という概念が生まれ、今では広く世界で取り入れられるようになりました。

グリーンエクササイズは、筋力アップなどのフィジカルな効果を期待してのもので

はなく、あくまで主眼はメンタルケアです。

だから、ランチタイムの空き時間などに、緑の多い公園を散歩するといったレベルで十分です。もちろん、スポーツウェアに着替える必要はありませんし、雨の日に傘をさして歩くのも風情があっていいでしょう。

コロナ禍でリモートワークを中心に働いている人のなかで、運動不足が問題になりつつあります。以前は、通勤することで意識せずとも体を動かす機会がありましたが、リモートワークでは、意識して体を動かす環境をつくることが大切です。

住居も会社も都心のビル街にあるという人でも、近くに公園くらいは見つけられるでしょう。

場所選びで大事なのは、看板や広告などの情報が目に入らないようにすること。そうした情報は、どうしても抱えている仕事を思い起こさせます。

オーストラリアや韓国でも、自殺予防やうつ病の治療にグリーンエクササイズが用いられ、効果があると報告されています。

「ちょっとストレス溜まってきたかな」と感じたときなどに、五分でいいから、仕事環境から自然環境へワープしましょう。

――10秒でわかるレビュー――

☑ 自然のなかで体を動かすとメンタルにいい影響を与える。

☑ 空き時間に公園を散歩するレベルでも効果的。

☑ ストレスを感じたら五分でいいから環境を変える。

◉ストレスコントロールのポイント6

「なにをやっても面白くない」と感じていないか?

人に「楽しむこと」を強要する、「エンハラ（エンジョイハラスメント）」が注目されています。

飲み会などでも、やたら「楽しんでる?」と聞いてくる人がいますね。本来、楽しいかどうかなんて個人が決めればいいことですが、言われたほうは「もっと楽しそうにしなくちゃいけないのか」とプレッシャーを感じます。

こうしたエンハラは、職場でも見られます。「仕事とは楽しいものだ」「楽しんでこそいい仕事ができる」「仕事を楽しめ」などと上司や先輩から言われ、戸惑う声が主に若者たちから聞かれます。それが一種の社風になっているとさえ思える企業もあります。

しかし、**仕事では結果を出すことが一番大事で、その人がどのような気分でいるか**

については問うべきではありません。

もちろん、「嫌だなあ」と思いながら毎日働くのは大変です。とはいえ、「嫌だなあ」と感じることを無理に「楽しい」に変えさせようとしたら、さらにストレスは溜まるばかりです。

このようなエンハラがはびこっているからではないでしょうが、どうも日本人は、自分が与えられた仕事について「前向きに考えなくてはいけない」という思い込みがあるようです。

「やりたくない」などと主張するのはもってのほか。むしろ、「やりたくない仕事を頑張ってやり遂げることで自分は成長する」と鼓舞している傾向さえあります。

しかし、そういう努力は無意味です。

私自身は、やりたくない仕事は極力しません。なぜなら、やりたくないことは不得意なのだと理解しているからです。

不得意なことをやっていても、時間ばかりかかってなかなか結果は出ません。自分もストレスが溜まるし、周囲にも貢献できません。そうしたことは、得意な誰かにやってもらったほうが、みんなが幸せでいられます。

ところが、長い間、自分の本心に蓋をし、抑圧し続けてきた結果、多くのビジネスパーソンが「そもそも自分がやりたくないこと」すら見えなくなっています。その結果「なにをやっても面白くない」という人が増えているのも事実です。

もし、あなたが仕事について「なにをやっても面白くない」と感じているなら、そういう状況に陥っている可能性大です。気づかずに不得意なやりたくないことを続けているために、ストレスマックスになっているのです。

そんなときは、周囲の人に聞いてみるのもいいでしょう。

「俺が不得意なことってなんだと思う？」

「私が人より下手なのってどんな仕事？」

この質問の答えに挙げられたタスクこそ、あなたのストレスの大きな原因。それは、ほかの人に回すか、アウトソーシングしたほうがいい結果につながります。

――10秒でわかるレビュー――

☑ やりたくないことは不得意なことなのだと理解する。

☑「自分がやりたくないこと」すら見えていない。

☑ 不得意なことをやり続けるとストレスを抱えることになる。

マネジメントからの解放

ある程度の年齢になると、嫌でもマネジメントの仕事が増えます。自分のことではないのに「なんとかしなくちゃならない」のですから、**マネジメントは大きなストレスをもたらします。**

「A君が営業でまったく結果が出せない」
「経理作業をするBさんの仕事が遅い」
「C君のデータ処理にはミスが多い」

こうした仕事の内容以外にも、遅刻癖が直らない、言葉遣いに問題がある、周囲との衝突が絶えないなど「あの人のマネジメントを続けるのはつらい」と思うメンバーが一人や二人はいるでしょう。

でも、多くのマネジャーは「それはしかたのないこと」と思い込んでいます。そのために給料をもらっているのだから、「自分が我慢して頑張るしかない」と諦めているようです。

しかし、そこにどれだけ精神的なコストがかかっているかを検討してみれば、「アウトソーシングしたほうが、自分にとってはもちろん、会社にとってもベターだ」という答えが出てくるのではないでしょうか。

マネジメントが重要な仕事であることは確かですが、なにもかもやる必要はありません。ストレスになるくらいなら、可能な限りアウトソーシングしましょう。

先の例で言えば、Bさんの経理作業やC君のデータ処理など、事務仕事については十分に検討の価値がありそうです。

私がアドバイスをしているある企業では、二〇一八年度から事務系の仕事をすべてアウトソーシングに切り替えました。その**目的はコスト削減ではなく、マネジャーのストレス削減でした。**

その企業ではもともと、事務職のパート社員を常時数名抱えていました。ただ、採用から時間が経って慣れてくるとどうしても、人間関係や仕事の内容に不満を口にする人が出てきます。

そうした不満に対処するマネジャーの心理的負担が大きくなったために、アウトソーシングに踏み切ったわけです。

「身内ではないプロに仕事を出す」アウトソーシングの場合、相手はこちらの社内事情など関係なく、仕事を仕上げることだけに集中してくれます。

今は、アウトソーシングがやりやすい時代です。発想を変えて、ストレスになるものはどんどん外へ出しましょう。

――10秒でわかるレビュー――

- ☑ **マネジメントが大きなストレスの要因の一つ。**
- ☑ **精神的コストを勘案してアウトソーシングを検討する。**
- ☑ **発想を変えてストレスになるものは外注する。**

◉ストレスコントロールのポイント8

「好き嫌い」の感情から脱却

会社や取引先などの仕事上の付き合いには、「正直なところ好きではない人」はいるでしょう。

プライベートだったら絶対に友だちにならない人でも、仕事だと話をしたり、心にもないことを言ったり、ときには飲食を共にして、にこやかに過ごさなくてはなりません。

まさにストレスでしょう。しかし、そういう人に対してストレスを溜めるほど無駄なことはありません。そもそも、**仕事の人間関係に自分の感情を入れ込む必要などないのです。**

人と対面しなければならないビジネスの場には、価値観が合わないタイプは必ず存在します。合わない価値観について、擦り合わせようと試みるから苦しいのであって、合わない事実を受け入れて、放置すればいいのです。

たとえば、体育会系の根性で乗り切るのが信条の部長と、神経質でエビデンス重視の部下の組み合わせなら、この二人の価値観はまったく合いません。ただ、どちらが正しいとか間違っているとかいう問題ではなく、単純に「違う」のです。

だから、**一番いいのは「自分とは違うタイプなんだ」と割り切ることです。**世の中には、いろいろな人がいて当たり前。むしろ、違うタイプが見当たらないようなら人材の偏りが心配です。

仕事では、好き嫌いは関係ありません。仕事の目的は成果を出すことであって、好きな人を増やすことではない。

こうして「好き嫌い」の枠を自分のなかから外してしまうと、ストレスはかなり軽減できるはずです。

それでも、「どうしても無理」という人もいるでしょう。

実際に、私の会社のセミナー講師のもとには、「どうしても嫌な部下」や「どうしても嫌な上司」について、受講者から多くの相談が寄せられます。そんなときに講師は、「嫌いな相手に心のなかであだ名をつける」という方法をすすめています。

たとえば、ある上司は丁寧に仕事をこなしていくタイプで、彼の目には、スピード重視の部下は軽はずみな手抜き人間に見えます。そんな部下に対しては、「せっかちさん」などのあだ名をつけてもらいます。

一方で、こうした慎重な上司のことを、グズだと嫌っている部下もいます。そういうときには、「おっとり課長」とあだ名をつけるという具合です。

こうして少し愛嬌のあるあだ名をつけて擬人化するだけで、相手に対する悪い印象は変わります。もちろん、そうしたあだ名は口に出す必要などありません。自分のなかだけの呼び名とします。

また、**嫌いな人について、一日一つでいいから意図的にいいところを見つけていくという方法もあります。**嫌いだという意識が強いと、いいところが目に入りませんが、どんな人にも長所があります。

あえて、**長所にフォーカスしてゆがんだ認知を正していくことは、自分の視野を広げる練習にもなります。**

――10秒でわかるレビュー――

☑ 仕事の人間関係に感情を入れ込む必要はない。

☑ 仕事の目的は、成果を出すこと。

☑ 仕事では、好き嫌いは関係ない。

◉ストレスコントロールのポイント9

部下との接触回数と接触濃度

多くの上司が「部下とうまく関係性がつくれない」という悩みを抱えています。ただ、誰ともつくれないわけではなく、たいていは「ほかの部下とは大丈夫なんだがA君だけが苦手」というパターンです。

だから、「自分に原因があるのではなくA君がおかしいのだ」と考えがちです。

しかし、こうしたケースでは、**ほかの部下と比べて圧倒的にA君との接触回数が少ない傾向にあります。**つまり、無意識ながらも上司に原因があるわけです。

それを指摘すると、「そんなはずはない。平等に接している」と上司は主張します。そこで、実際に接触回数をカウントしてもらうと、「本当に少なかった」と気づくのです。

この現実に上司はショックを受けますが、**解決法は簡単です。少なかった接触回数**

を増やすだけ。それだけで、部下との関係性は改善します。

しかも、この「接触」というのは、ベタベタする必要も、感情を入れる必要もありません。挨拶したり、目を見て話したりという当たり前のことの回数を多くしていけばいいのです。

逆に、なにかにつけイライラしてしまうような相手とは、接触濃度を薄めていくことを考えましょう。**イライラするのは感情が入り過ぎているからです。**もっと淡々とした関係性を心がけましょう。それでも、あまりにも耐えがたいなら、一時的に接触回数を減らすことも必要かもしれません。

たとえば、昼食に出る時間をずらしたり、動線を変えることで、感情の揺れ動きを抑えましょう。

もちろん、あえて「避けている」というシグナルを送る必要はありません。**「一日一回は笑顔で挨拶する」といったルールを決めたら、それだけは守り、ほかの時間は相手のことは忘れていいのです。**

こうして、ストレスの種類に応じて接触回数や濃度を工夫していくことで、相手との関係性を最もいい位置にキープしましょう。

――10秒でわかるレビュー――

☑ 接触回数が少なかったら増やす。
☑ イライラするのは感情が入り過ぎているだけ。
☑ ストレスの種類に応じて接触回数や濃度を工夫する。

◉ストレスコントロールのポイント10

部下に成果を出させる

これまで「評価」といえば、もっぱら上司が部下に対して行うものでした。しかし最近では、**部下や同僚など、さまざまな立場の人たちが相互に評価し合う「三六〇度評価」を取り入れる企業も増えてきました。**

経営サイドからすれば、三六〇度評価には、上司の一方的な言い分を聞くだけではなく、いろいろな関係性を把握できるメリットがあります。また、上司も、自分では気づかなかったマイナス面を他者から指摘してもらうことでさらに成長できます。

しかしながら、そんなふうに前向きに考えられる上司はほんの一握りでしょう。誰だって悪く言われたくないし、ましてや部下から低い評価を下されるなど、上司としては耐えがたい話です。

もっとも、三六〇度評価などなくても、部下の気持ちが気になってしかたない上司もいます。彼らは、部下から「好かれること」を切に望んでいます。しかし、上司として大事なのは、部下に好かれることよりも、部下に業績を上げさせることです。

部下のほうも、上司には業績を上げさせてくれることを期待しています。

上司が部下に対して口にすべきは、甘く優しい言葉ではなく**「人を動かす」言葉です。**この「動かす」とは、感動させるという意味ではありません。**業績を上げるために望ましい行動（ピンポイント行動）をとらせることです。**

それをやってくれる上司なら、自ずと部下から好かれますし、会社からも評価されます。

――10秒でわかるレビュー――

- ☑ **上司として大事なのは、部下に業績を上げさせること。**
- ☑ **部下に対して口にすべきは「人を動かす」言葉。**
- ☑ **業績を上げるために望ましい行動をとらせる。**

デジタルハラスメントをルール化で防ぐ

セクハラ、パワハラ、マタハラ……。さまざまなハラスメントが問題になっていますが、ＩＴ時代ならではなのが「デジハラ（デジタルハラスメント）」です。誰もがスマホを持っている今の時代、多くの人がデジハラ被害に遭っています。

「勤務時間外にＬＩＮＥが送られてくる」

「ＳＮＳの友だち認証を強要された」

こうしたデジハラは、デジタルに慣れていない人間ほどやりがちです。デジタルを使いこなせていないがゆえに、そのルールを理解できないのです。

そのため、**デジハラの多くが上司から部下へのものとなります。**そして、たいてい上司に悪気はありません。単純に「早く知らせておいたほうがいいから」「友だちになっておけば便利だから」と考えているだけです。

しかし、受け取るほうが嫌がっているのであれば間違いなくハラスメントです。こうした問題については「自分の物差し」で測ってはいけません。

デジタルハラスメントは、徹底したルール化によって防ぎましょう。

「資料はすべてＤｒｏｐｂｏｘに入れる」

「勤務時間外は連絡しない」

「緊急事態のみ二一時までＬＩＮＥで知らせるのはＯＫ」

「緊急事態とはクレーム対応時のみ」

こうしたルールをチーム全員がいる場で決め、必ず守るようにします。なお、**チャットやＬＩＮＥの文章については、上限文字数を決めるのもいいルール化です。**

ある企業で、業務連絡をチャットで行うようにしたところ、上司から一〇〇〇字を超える文面が届いたという話がありました。その文章の九割はいらないものでした。

これは、部下からしたらデジハラ以外のなにものでもありませんが、上司は「あまり短いのも命令調で偉そうだから」と勘違いしているだけなのかもしれません。

私は、**「チャットは一〇〇字まで」「ＬＩＮＥは三行まで」をすすめています。**もし、それ以上が必要なら、電話のほうがいいでしょう。

デジハラを起こしやすいタイプと対策

① **完璧主義者** ➡ 対策 なにをしてほしいか TO DO を具体的に指示

② **慎重な人** ➡ 対策 メンバーと一日の接触回数を決める

③ **不安な人** ➡ 対策 一日一回以上メンバーとオンラインでも顔を合わせる

デジハラもルール化することで防ぐことができる

ただし、ここで「じゃあ電話にしよう」と短絡的に決めないでください。できるだけチャットやLINEを使ってみましょう。

というのも、業務連絡のほとんどは、一○○字以内、三行以内で済むはずだからです。「一○○字以内に収めよう」「三行以内で伝えよう」とする過程で、無駄が省け、本質がはっきり見えてきます。

ビジネスにおいて、**言いたいことを端的に述べる能力は非常に重要です。**だから、デジハラを避ける努力をすること自体が、非常にいい勉強になります。

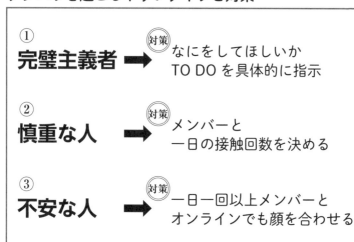

10秒でわかるレビュー

☑ 多くの人がデジタルハラスメントの被害に遭っている。
☑ デジタルハラスメントはルール化で防ぐ。
☑ 伝えたいことを端的に述べる能力を身につける。

気分が落ち込んだら深呼吸

リモートワークが増えるのと比例して、うつ病の患者さんも増えています。職場に行けば同僚など横の関係もあり、いろいろ無駄口を聞いているだけで気は紛れたのに、リモートワークでそれがなくなり、孤独を感じてしまうのが原因のようです。

また、**対面で会う機会が少ないリモート下では、周囲から自分の状態について指摘してもらえることもなく、うつ状態に陥っているのに気づかず、重症化させてしまうケースもあるようです。**

こういう状況にあっては、なおさら意識的なメンテナンスが必要になります。人は、気分が落ち込むとどうしても顔を下に向けがちになります。しかし、下ばかり見ていては、ポジティブになりようがありません。

また、下を向けば肺が圧迫されて縮こまり、取り込める酸素量が減ります。酸素量が減れば気分がスッキリせず、さらに落ち込むという負の連鎖に陥ります。

そういうときに「元気を出して上を向こう」としても無理。それで解決するくらいなら誰も苦労はしません。**メンタルが弱っているときこそ、フィジカルから変えていくのが正解です。**

その最も簡単な方法が「深呼吸」です。

深呼吸をすると、胸が開き自動的に顔が上に向きます。酸素もたっぷり取り込めますから頭もシャキッとします。

できれば、「一時間ごとに三回繰り返す」などと自分ルールを決め、会社でもリモートワーク中でも深呼吸をしましょう。

チェックリストに回数を書き込みながら確実に行っていると、いずれ習慣になっていきます。**深呼吸の習慣を持つ人と持たない人では、あらゆる場面でメンタルに大きな差が出るはずです。**

―10秒でわかるレビュー―

☑ リモートワークが増え、うつ病患者も増えている。
☑ メンタルが弱っているときこそ、フィジカルから変える。
☑ 深呼吸を習慣化する。

第四章

「自己実現」12のステップ

Self actualization

学びの分野を広げる

優秀なビジネスパーソンでいたいなら、**どんなに忙しくても勉強は必須。**このことに異を唱える人は少ないはずです。

ただ、勉強の目的は、はっきりとさせておく必要があります。収入を増やすために新しいスキルを身につけるのか、海外へ出るために語学能力を磨くのか。いずれにしても、**目的がはっきり見えていると「いかに短い時間で効率的に学ぶか」という意識が強く芽生える**はずです。

目的がないと、ともすると「勉強することが目的」になってしまいます。結果、だらだらと時間ばかり費やし、役に立たないことを学び続けるという自己満足に陥ります。

加えて、セルフサバイバルの時代には、「なにを学ぶか」を自分軸で徹底的に検討していく必要があります。

これまでは、自分のビジネスの延長線上に学ぶべきことが見いだせました。たとえば、営業スタッフであるなら、スキルアップのために本を読んだり、セミナーに参加したり。グローバル展開を図る企業の社員なら、どの部署で働くにしろ英語力を身につけることは課題だったでしょう。

そうした勉強の必要性は、これからも変わりません。しかし、それに加えて今後は、今の仕事とは関係のない分野に学びを広げることが求められます。

具体的には、**株や不動産投資など、給料とは別の収入源を持つための投資の勉強を本気で始めたほうがいいでしょう。**

企業の経営者なら、「一つの収入源に頼っていると、それがなくなったときに危機に直面する」ということはよくわかっており、いつも複数の収入源を確保するように気を配っています。

ところが、毎月、給料を振り込まれている勤め人の場合、「このお金が入らなくなったら……」という想像がつきにくいようです。しかし、来月も給料が振り込まれる保証など本当はどこにもありません。

これからの時代、**複数の収入源を持っていることは、贅沢のためというより生き残るために必須なのです。**

投資は、会社に勤めながらできるのがいいところです。ただ、言うまでもなく失敗すれば大きくお金を減らすリスクがありますから、まずは勉強することです。一日一五分でもいいから勉強しましょう。

最初は本を読むことから始めてもいいでしょうし、セミナーなどに参加してもいいでしょう。ただし、セミナーの場合、金融商品を売りつけることを目的に開催されているものも多いので注意が必要です。

今はネット証券があり、株式投資のハードルは以前より下がっています。まずは口座を開き、ごく少ない単位から売り買いをしてみるのもいい勉強になります。ネット証券に口座を持てば、そのサイトの情報に接する機会が増えます。それだけでも知識は増やせるでしょう。

投資で儲けることができるのは、自ら情報を取りに行き、自ら学んだ知識と擦り合わせて売り買いができる人です。他人が与えてくれた「お得情報」「美味しい話」に飛びついて損をする愚かな人にならぬよう、勉強しましょう。

―10秒でわかるレビュー―

☑「なにを学ぶか」自分軸で徹底的に検討する。
☑一日一五分でいいので勉強する。
☑複数の収入源を確保する。

七年のスパンで考える

会社の給料とは別口の収入源を持つために、休日に副業をするのは手っ取り早い方法です。心身の負担が少なく、本業に差し支えないものであるなら、副業をするのは悪くないと思います。

中堅メーカーに勤める四〇代の女性マネジャーは、得意の料理の腕を生かし、休日に自宅で小さな料理教室を開いています。ちょっとした小遣い稼ぎとストレス解消になっているとのことですから、今後も続けるといいでしょう。

しかし、「副業」については慎重に考えたほうがいいと思います。

今は、従業員の副業を認める会社も増えていますが、**あくまで本業で業績を上げることが前提です。**

ソフトバンクなど副業を推奨している企業も、「そこで得たものを本業に生かしてもらう」ことを期待してのことです。そこまでできる自信がないのに安易に副業に手を出せば、本業を失うことにもなりかねません。

中には副業にとどまらず、転職を考えている人もいるかもしれません。**私は、勝算のある転職には、七年ほどの準備期間が必要だと思っています。**その間、今の仕事で成果を出しつつ、勉強を続けた人だけが成功するのだと思います。

たいしたスキルも身についていないまま、今の職場を辞めることはリスクでしかありません。だから、副業や転職への傾倒にはくれぐれも注意が必要です。

さらに、よくよく考えなくてはならないのが、「なぜ自分は副業に興味があるのか」ということです。私が見ている限り、副業に熱心な人たちは「今の仕事よりも、もっと自分に合うものがあるはずだ」という、**本業からの逃避に走っているケースがほとんどです。**

もし、副業に選んだことが本当に自分に合っているなら、最初からそちらが本業になっているはずです。そうなっていない現実をしっかり見ないと、何度も同じことを繰り返す結果となります。

そして、このような転職を繰り返している人は、そのたびに転職先のランクを下げていくことになります。**中途半端に副業に手を出さず、やるからには、その目的をしっかり見極めましょう。**

焦らずに、七年くらいのスパンで考えましょう。逆に言うと、七年が費やせないのであれば、それはただの「思いつき」かも知れません。

毎月いくらのお金を稼ごうとしているのか。そのために時間はどのくらいまで使っていいのか。

それらを具体的に検討し、かつ本業での業績をアップする方法をしっかり担保した上で始めるくらいでないと失敗します。

――10秒でわかるレビュー――

☑「副業」や「転職」については、慎重に考える。
☑中途半端に手を出さず目的をしっかりと見極める。
☑焦らず七年のスパンで考える。

◉自己実現のステップ3

食わず嫌いをしない

私は、世の中でうけているものには必ず乗ってみることにしています。自分が興味があろうとなかろうと、流行っているなら『鬼滅の刃』も読むし、ＴｉｋＴｏｋも使ってみます。つまり、食わず嫌いはしません。

もともと、自分が好きなことなら詳しくて当たり前だし、そこをいくら掘り下げても新たな気づきはあまり得られません。でも、**興味がなかった分野を覗いてみると、それまで考えもしなかったヒントが転がっていることが多いのです。**

「なるほど、こういうことか」

「ここが売れるポイントなんだな」

こうした学びは、直接的ではないにしろ、なにかしらの形で自分のビジネスにも生きてきます。

一つの会社に長く勤めていると、どうしても視野は狭くなります。そこでの評価につながるものが優先され、ほかのことは眼中に入らなくなります。しかし、**会社が面倒を見てくれるわけではない個の時代には、意識的に視野を広げておくことが不可欠です。**

あなたも、流行に無関心ではいけません。

出版物のベストセラー、賞をとった映画などには目を通しましょう。食べ物でも服でも、売れているものは買ってみましょう。ソーシャルゲーム、アニメ、eスポーツなどにもチャレンジを。

たとえば、アイドルのコンサートにも行ってみましょう。〝○○の聖地〟といった場所にも足を運んで、どういう人たちがどんなことにお金と時間を使っているのかを観察してみましょう。流行っていること、モノには、なにか理由があるはずです。自分で直接触れることでヒントを得られるかもしれませんし、世間との感覚のズレを少しでも埋めることができるはずです。気持ちは常にミーハーでいるべきです。

過去の成功体験というファイルには綴《と》じられていない、まったく新しいアイデアに出合えるはずです。

――10秒でわかるレビュー――

☑ 世の中でうけているものには必ず乗っかる。
☑ 興味がなかった分野を覗いてみるとヒントが転がっている。
☑ 意識的に視野を広げておく。

遊びのスケジュールから立てる

いい仕事をするためにプライベートの充実が大事だということとは、たいていの人が頭ではわかっています。

しかし、実際には**「仕事に翻弄《ほんろう》されてプライベートの時間がなかなか取れない」という人がまだまだ多数を占めています。**そして、そういう日々を送っているうちに、「とくに趣味がない」という人間になってしまうのです。

断言しておきたいのですが、「この仕事が終わったら……」などと言っていたら、趣味を楽しむチャンスなど永遠に訪れません。**先にプライベートや遊びの予定を入れ、それから空いた時間に仕事を振り分けていくのが正解です。**

私の場合は、まず遊びの年間スケジュールを立てます。エベレスト登山や海外旅行のように長い日程を必要とするものから小さなパーティまで、「これは絶対にこの日に行いたい」という予定を先に組みます。それから、大きな仕事の流れを決めていきます。

月間の予定に関しても、友人との会合など早めに決めてスケジュールを押さえてしまい、その後、仕事を入れていきます。

一日の流れについては、仕事に費やす日であっても、そのなかでランニングや体を動かす時間は確保します。ざっとスケジュールを見て、「ここで三〇分取れるな」とわかったら必ずキープします。

私がこうしてプライベートを大事にするのは、一度きりの人生を目一杯楽しみたいという思いは当然ながら、**やるべき仕事に集中するためでもあります。**プライベートに時間を割けば、仕事にかけられる時間は限られます。その分、徹底的に集中するのが私のやり方です。

それに、**心身の健康管理も含めプライベートをないがしろにしていて、いい仕事はできません。**そして、いい仕事ができなければプライベートを楽しむ余裕も生まれないという負の連鎖に陥ってしまいます。

もっとも、二〇～三〇代の若い世代は、それをわかっていてプライベートの時間を重視しています。だからこそ、入社試験の面接で「残業はありますか」「有休は取れますか」と聞いてくるのです。

そうした若者に対し、四〇～五〇代の人たちは、「入社する前からなにを考えているんだ」「まずは仕事だろう」と憤《いきどお》ります。彼らは、「プライベートを楽しむ時間より仕事のほうが重要だ」と長い間、思い込んできたのです。致し方ありません。

そして、最近になって「どうやら、残業は褒められることではないらしい」「定時に上がったほうが評価されるらしい」と理解できるようになったけれど、**いざ時間は空いても趣味がないので、どうしていいかわからないという人もいます。**

わからない場合は、モデルを探しましょう。業務時間内はテキパキ働いて、定時になったらさっさと帰っていく人を観察してください。

コンサートに行く人。

スポーツクラブに通う人。

セミナーや異業種交流会に参加する人。

英会話塾で勉強する人。

家族と外食を楽しむ人。

いろいろいるでしょう。そうしたなかで、あなたがモデルとしてまねしたいのはどんな人でしょうか。

いずれにしても、その人のまねをしようと思ったら、あなたも残業はやめて定時で帰らなければなりません。

プライベートを充実させる試みは、仕事の効率化も進め、必ずいい結果をもたらしてくれるはずです。日々に流されず、意識的に趣味の時間を持ちましょう。

――10秒でわかるレビュー――

- ☑ **年間スケジュールは遊びや旅行の予定から立てる。**
- ☑ **プライベートをないがしろにして、いい仕事はできない。**
- ☑ **意識的に趣味の時間を持つ。**

雑談力でアイデア出し

普段から私は、経営者仲間との雑談を大事にしています。彼らの話には、「なるほど、そういうことをやっているのか」という気づきがとても多いからです。

創造性のあるアイデアは、往々にして雑談から生まれますが、とはいえ、どんな人とのどんな雑談でもいいというわけではありません。

私の場合は、マラソンなど趣味の時間を共にしている人たちと、仕事とは関係のない場で話をしているときにたびたびヒントを得られます。

彼ら経営者の場合、仕事以外の場でも絶えずアンテナを張っているため、趣味の話をしていても、どこかでビジネスにつながる内容の濃いものになることが多いのです。

自分株式会社を経営するにあたっては、あなたも、そんな雑談仲間を増やしていきましょう。

学びの多い仲間をつくるには、いくつかのコツがあります。

まず、**自分がアイデアを求めているテーマについて、しっかり認識しておくことです。**それがないと、中身のないただの雑談に終わってしまいます。

さらには、**「いつもの友だち」とは違う人たちと話をしてみましょう。**

異業種交流会などに出席してみるのもいいでしょう。そして、そこで出会った人に、自分の意図に合った質問をぶつけてみましょう。

私の会社でマネジメントに関するセミナーを担当している女性講師は、時間を見つけてはさまざまな交流会に出かけています。

そして、そこで知り合った人たちに、雑談を交えながらいろいろ質問をしているそうです。

「ところで、なぜこの集まりに来たんですか？」

「仕事に関して、今どんなことに悩んでいますか？」

「私もマネジメントで苦労しているんですが、どうしています？」

セミナーの場で、講師として受講者に質問すれば相手は緊張してしまいますが、交流会に参加している仲間同士としての立場なら本音で話してくれます。

こうして得られたヒントを元に、実際のセミナーで取り上げる内容を決めていくという方法を、彼女はとっているわけです。

これが、自社の講師仲間と「どういうセミナーが求められているか」と話し合っていても、同じようなアイデアしか生まれませんから、なかなか賢いやり方だと私も思っています。

あなたも、**今の仕事に生かせるアイデアが欲しいなら、今の仕事とは関係のない人といろいろ話をしてみましょう。** これからの時代には、自分から意識的にそうした機会をつくることが大事です。

――10秒でわかるレビュー――

☑ **雑談仲間を増やしていく。**
☑ **求めているテーマを明確にしておく。**
☑ **いつもの友だちとは違う人と話す機会をつくる。**

◉自己実現のステップ6

仲間を意図的につくる

お互いに助け合えるサポーターとしての仲間がいれば、一人では諦めてしまうことも乗り切れます。個の時代であればこそ、仲間をつくりましょう。

私がマラソンを始めたときには、コーチだけでなく、一緒に走ってくれる人を募りました。そのおかげで、まったく運動習慣のなかった私が、フルマラソンを完走できるまでになりました。

あなたも、大いに仲間をつくりましょう。とくに、自分が苦手な分野に携わるときは、アドバイスを与えてくれる人が必要です。

こうした仲間づくりについても、**待っていないで「意図的に」やっていきましょう。**

何事もシェアの精神に富んでいる若い世代は、もともと仲間づくりが上手ですが、中高年の男性は、会社や取引先など仕事がらみの人間関係しか構築できていないケースが多いようです。

しかし、仕事がらみの人間関係は、仲間とは違います。

仕事という強い目的があるうちは、なかなかその関係は壊れません。途中で揉め事があったとしても、関係は修復され続くでしょう。**それは「お互いが大事だから」ではなくて「仕事が大事だから」です。**

仕事関係の人といくら長くて深いつきあいをしていたつもりでも、会社を辞めればただの他人。気づいたときには、長い人生を共に楽しめるプライベートな友人はゼロだったとなりかねません。

だから、今から仕事以外の人間関係を構築しておきましょう。

それには、趣味の場へ出て行くのが一番です。

「これといった趣味がない」なら、片っ端から挑戦してみるのもいいでしょう。男性であっても、料理など意外なものに面白さを感じるかもしれません。

いきなりカルチャースクールなどに参加するのはハードルが高いなら、ＳＮＳの集まりや、単発のセミナーなどを探してみましょう。そして、せっかく参加したのなら、そこで友だちをつくりましょう。

このときに**重要なのは、「自分から」話しかけてみること。**誰かから声がかかるのを待っていたのでは、いつまでたっても世界は拓《ひら》けません。

――10秒でわかるレビュー――

- ☑ **意図的に仲間をつくろう。**
- ☑ **仕事がらみの人間関係は仲間とは違う。**
- ☑ **仕事以外の人間関係を構築するなら趣味の場が一番。**

スマホに人生を捧げない

「あーあ、またユーチューブ見ながら寝落ちしちゃった」

「SNSやっているくらいなら、英語の勉強したほうがいいよね」

こんなふうに後悔を重ねながらも、スマホを手放せない人が増えています。

ユーチューブやSNSは、短時間の気分転換には適しています。**目的がはっきりしているなら、情報収集にも役立ちます。しかし、だらだらと時間を費やしてしまうなら、あなたの人生の敵です。**

後悔しながらスマホを手放せない人は、自分がスマホを使っているのではなく、自分がスマホに支配されているのだと気づかねばなりません。

どんな業界にも言えることですが、儲けるためには人々を夢中にし、繰り返し自社の製品やサービスを購入してくれるリピーターをつくることが大事です。つまりは、中毒者をつくることです。

たとえば、甘い炭酸飲料などがその典型で、顧客を糖質中毒にすることでリピート購入を促しているわけです。

それは、スマホに関わる事業でも同様です。動画などで広告収入を得るためには、多くの人を長時間スマホに釘付けにしておく必要があります。そのために、**人々が「見るのをやめられない」手が打たれており、よほど自分の軸をしっかり持っていないと、簡単に中毒になってしまいます。**

実際に、スマホを手放せない人たちの脳が変質しているという医学的な報告がなされています。すべての現代人にとって、これは他人事ではありません。

5G（第5世代移動通信システム）時代となり、これから、ますますスマホ経由のエンターテインメントは増えます。ましてや、上司の監視が届かないリモートワーク下となれば、いくらでも没頭することができます。中毒者が増える環境はばっちり整っているのです。

こうした時代にあって、**スマホとどう距離を取れるかが、その人の人生を決めると言っても過言ではありません。**時間は人生そのものなのですから。

仮に、あなたが毎晩二時間ユーチューブを見ていたとしましょう。そして、ライバルはその時間を資格の勉強に充てていたらどうでしょう。

ライバルは、年間七〇〇時間以上の勉強をし、あなたは、ただユーチューブを見て脳を変質させていたことになります。そして、脳が変質すれば、さらにスマホに依存するようになります。では、どうしたらスマホ依存から抜け出せるでしょう。

アルコールやギャンブルなど、ほかの依存症と同じように中毒になっているのだから簡単には治せません。「根性でやめる」という非科学的なアプローチでは失敗します。もっと科学的なアプローチが必要です。

行動科学マネジメントでは、スマホへの依存を「過剰行動」と捉え、それを減らしていく方法を推奨しています。

過剰行動を減らしていくには、大きく分けて二つの方法があります。

一つは、「代替行動（チェンジ行動）」を増やすこと。

スマホを見る行動の代わりに、本を読む、運動する、入浴するなど……。とにかくスマホから離れる行動をとるようにします。

もう一つが、「できない環境（環境設定）」をつくること。

家に帰ったら鍵のかかる引き出しにスマホをしまうのもいいでしょう。その鍵を家族に預かってもらえば、さらに完璧です。

ほかにも、いろいろ自分のルールをつくりましょう。

1 お気に入りのサイトが更新されたときの通知機能はオフにする。
2 動画は通勤電車のみＯＫとする。
3 見る前にアラーム機能を設定し、それが鳴ったらやめる。

しかし、こうしたルールを決めても、破ってしまうときもあるでしょう。それは、自分の意志が弱いからではなく、脳が変質しているからです。

そのような場合は、**「自分でコントロールできない状況にある」という認識を持ち、代替行動やできない環境をつくるなど、科学的に対処していきましょう。**

10秒でわかるレビュー

☑ スマホを手放せない人はスマホに支配されている。
☑ スマホとどう距離を取れるかが人生を決める。
☑「過剰行動」には「代替行動」と「環境設定」で科学的に対処する。

◉自己実現のステップ8

睡眠マネジメントを大切にする

私たちの体には、「サーカディアンリズム」という体内時計が備わっています。人のサーカディアンリズムは、もともとは一日約二五時間に設定されており、そのまま放置したら一時間ずつずれていきます。

ただ、太陽光や温度の刺激によってずれが修正されることで、一日二四時間にぴったり合うようになっているのです。

この修正をきちんと行うためには、日の出と共に起き、夜になれば眠るという規則正しい生活が一番で、遠い祖先の時代から今も変わりません。

いわば、生命体として不可欠の「睡眠マネジメント」ですが、多くの人がその重要性に気づいていません。**実は、睡眠マネジメントは、セルフマネジメントのなかでも最重要項目**なのです。

だから私は、夜は二二時には寝るようにしています。七～八時間の睡眠時間を確保するようにしていますが、二二時に寝れば、翌朝は五～六時くらいに気分良く目覚めることができます。

早起きすれば、朝の日差しをたっぷり浴びることができます。それによって、サーカディアンリズムの一時間のズレも修正されます。

また、眠ってから約一～二時間後の深いノンレム睡眠中に成長ホルモンが多く分泌され、細胞の修復が行われます。そのため、**質の高い睡眠を得ることが、最も効率的な心身のメンテナンス**につながるのです。

逆に言えば、質の悪い睡眠では、長時間寝ても疲れが取れません。私は、常に良いパフォーマンスを発揮できるように、寝具にも投資をしています。

ちなみに、アイデアを必要とする「考える仕事」は午前中にやってしまいましょう。朝起きてからの三時間が、脳内リズムが最もいい状態にあると言われています。

現代人は、やらねばならないことのために睡眠時間を犠牲にしています。しかし、**人生において本当にやらねばならないことの筆頭は、睡眠です。**

人間は、最低七～八時間は眠ることがＤＮＡに組み込まれています。睡眠時間が不足すれば心身共にまともに機能しません。実際に、**生活習慣病やうつ病も、多くが睡眠不足に原因があることがわかっています。**

巷《ちまた》に溢《あふ》れる「短時間睡眠法」なるものを信じ、睡眠時間を削って活動時間を長くとろうとするのはかえって非効率です。

当然のことながら、夜になったらスマホを見るのはやめましょう。

スマホに限らず、夜にブルーライトを見ることで、脳が「今は昼間だ」と勘違いします。これは、あなたが想像している以上に恐ろしいことで、サーカディアンリズムが根底から壊れてしまいます。

10秒でわかるレビュー

☑ **日の出と共に起き、夜になれば眠る生活を心がける。**
☑ **睡眠が最も効率的な心身のメンテナンス法。**
☑ **生活習慣病やうつ病の原因の多くは睡眠不足にある。**

食事をコントロールする

「リモートワークになって太った」という声を多く聞きます。通勤時間が減った分、セルフマネジメントに費やす時間が増え、本来なら以前より健康になっていいはずなのに、いったいどうしたことでしょう。

どうやら、パソコンのそばにお菓子やジュースを置いて、だらだらと食べながら仕事をしている人が多いようです。

しかし、ライオンなど野生の動物は、必要以上には食べません。空腹になったら獲物を追いかけますが、だらだら食べ続けることはしません。

つまり、「だらだら食べ」は動物としてあり得ない行為であり、それをやっている時点でダメだということです。

そもそも、現代人は明らかに食べ過ぎています。アメリカほどではないにしろ、日本も肥満率が上昇傾向にあり、とくに男性では三〇代から急増します。

その大きな理由は、現代人の身の回りには太る食べ物が溢れているからです。そして、そうした**食べ物の多くは、肥満だけでなくさまざまな病気も引き起こします。**

食べ物のなかには、食べたほうがいいものと、食べないほうがいいものがあるということを、しっかり認識してください。食事は単純に空腹を満たすだけではなく、あなたの心身をつくるものです。栄養素のバランスや、危険な添加物の有無などについて、最低限の知識は持ちましょう。

食事法についていろいろな本も出ていますし、今はアプリを利用しての無料カウンセリングを受けられたりするので、これを機に本気で食事を見直しましょう。

一度、自分が食べているものをノートに書き出してみるのもいいでしょう。それだけで、いかに不必要に食べ過ぎていたかに気づくはずです。

私が食事について気をつけているのは、糖質や塩分を摂り過ぎないこと、タンパク質や食物繊維をしっかり摂ることです。

また、「時間栄養学」も参考にしています。時間栄養学とは、いつなにをどのように食べるべきかを考える学問です。

同じ食べ物を口にしても、食べる時間や順番によって消化・吸収の効率が変わってきます。たとえば、空腹状態で炭水化物を食べると血糖値が一気に上がってしまうので、まずは野菜を食べ、次に肉や魚などを食べ、最後に主食（炭水化物）を食べる工夫をしています。

また、内臓を休める時間を確保するため、夕食を終えたら、その後一四時間くらいは固形物をとりません。朝は、プロテイン飲料で済ませることも多々あります。

なお、飲食にストレス解消を求めるのはやめましょう。**ストレス解消のために暴飲暴食すれば、内臓を疲労させ、睡眠の質を落とします。そうした行為は、余計にストレスを招くだけです。**

口寂しいから食べてしまう人は、ミントタブレットを用意しておくといいでしょう。コーラなど甘いものを飲んでしまう人は、炭酸水に変えましょう。行動科学の代替行動によって、徐々に自分をコントロールしていきましょう。

10秒でわかるレビュー

☑ 現代人は食べ過ぎている。
☑ 栄養素や添加物について最低限の知識を持とう。
☑ 暴飲暴食は内臓を疲労させ、睡眠の質を落とす。

一日の終わりに「いいこと日記」

私は、ポジティブな一日を送りたいと思っています。それでも、日々ネガティブなことも起こります。

たとえば、プレゼンを成功させるために精一杯の準備をしていても、相手の意地悪な質問一つで挫《くじ》けてしまうこともあるでしょう。

サービス精神に溢れた接客を心がけていても、運悪くクレーマーにつかまり、身に覚えのないことについて延々と文句を言われることもあるでしょう。こうした、起きてしまった出来事は変えられません。でも、それをどう自分のなかで処理していくかは、あなたが決めていいことです。

なにがあったとしても、一日の終わりはできる限りいい気分で終えましょう。いい気分で終えた次の日はいい気分で始められますが、不快な気分でいれば翌朝もそれを引きずります。

いい気分で一日を終えるためにおすすめなのが、寝る前に「今日あったいいこと」を書き出すという方法です。どんなことでもＯＫです。

「コピーがきれいにとれた」
「駐車場の空きがすぐに見つかった」
「企画意図を褒められた」
「出張の経費処理がすんなり通った」
「予定より三〇分早く退社できた」

散々だったと思えるような日でも、よくよく考えてみれば、なにかしらいいことがあったはずです。それを手帳に書き、できれば声に出して読んでみましょう。

仕事で思いつかなくても、プライベートなことでもいいでしょう。

「子どもの可愛い寝顔が見られた」
「ビールが美味しかった」
「帰りの電車で座れた」

これだって、十分にいいことではありませんか。そもそも、今日一日生きていられるだけで素晴らしいことなのに、私たちはその有り難さを忘れています。それどころか、**悪いことばかり思い出して、貴重な人生の時間を台無しにしています。**

もともと人間は、いいことよりも悪いことを覚えており、なにかにつけてほじくり返すクセがあります。だから、**意識的にそのゆがみを正していかないと、ネガティブな連鎖から抜け出せません。**

今日から「いいこと日記」を習慣にして、いい気分で一日を終え、いい気分で一日を始められる人になってください。

――10秒でわかるレビュー――

- ☑ **一日の終わりはいい気分で終えよう。**
- ☑ **悪いことばかり思い出して貴重な人生を台無しにしない。**
- ☑ **ネガティブな連鎖から意識的に抜け出す。**

◉自己実現のステップ11

パートナーを大事にする

マネジャークラス対象のセミナーで、私がよく行うワークがあります。部下などに感謝の言葉を伝える「サンキューカード」を用いて、参加者のパートナー宛にメッセージを書いてもらうのです。

すると、反応はきれいに分かれます。すぐに書き始めるのは一〜二割で、残りの八割以上は固まってしまいます。

つまり、仕事の相手とはうまくやっていても、プライベートで夫婦やパートナー間でいいコミュニケーションがとれているケースは少ないということです。

私がそれを指摘すると、「だって、今さらそんなこと言わなくても、向こうはわかっていますよ」という答えが多く返ってきます。

しかし、明確に伝えないことはまったく理解されていないと思ってください。部下に曖昧な指示を与えていたら思うような結果が出ないのと同様、**共通言語にして表現しなければ、夫婦だってわかりません。**

そして、それは夫と妻どちらにもいえることです。

ある女性参加者は、「うちの夫は私のことを全然、褒めてくれない」と盛んに訴えていました。それは、その女性が夫を褒めていないからです。人は合わせ鏡のように、相手と同じことをしているのです。

類人猿以上の知能を有する生物には脳内に「ミラーニューロン」という神経細胞が備わり、相手を見てだいたいなにを考えているかが理解できます。

チンパンジーもゴリラもオランウータンも、こちらを見ただけで「この人は、自分を嫌っている」とわかれば近寄ってきません。

ましてや、人間に対しこちらがコミュニケーションをとろうとしなければ、相手がどう出るかは火を見るより明らかです。

とくに男性の場合、妻とのコミュニケーションをないがしろにしがちで、「妻とは一日に五分も話さない」と言う人もいます。

彼らは「その分、会社や取引先との人間関係には気を遣っている」と自己評価しているようですが、そもそも、家庭内のコミュニケーションをおろそかにしている人が、仕事で本当にできているかは疑問です。

本書では何度も触れてきたように、時代はすっかり変わります。これからは、家庭というコミュニティは非常に大事です。なにしろ、一〇〇歳まで生きることになるかもしれないのです。そして、子どもはいずれ巣立っていきます。となれば、パートナーと助け合うしかありません。

今、妻をないがしろにしている夫は、寝たきりになったらどんな仕返しをされるか想像してください。

あるいは、熟年離婚もあり得ます。実際に、夫が定年退職の日に花束を抱えて帰宅したら、家がもぬけの殻だったという事例を私は知っています。

では、「今さら……」という人たちが、これからどう夫婦間のコミュニケーションをとっていけばいいのでしょうか。

仕事におけるものとまったく一緒です。言ってみれば、**「家族である前に人として付き合う」ことです。**

「おはよう」「ただいま」「おかえり」の挨拶をする。

なにかしてもらったら「ありがとう」と感謝する。

なにかしてもらうときには、お願いするのだという認識を持つ。

迷惑をかけたら「ごめんなさい」と謝る。

相手にやって欲しいことは、まず自分がやる。

どれもこれも、人として当たり前のことばかりです。もし、こんな当たり前のことを、最も近しい存在にしないでいたとしたら、それこそ大問題だと気づきましょう。


——10秒でわかるレビュー——

- ☑ 仕事もプライベートも言語化する。
- ☑ 家庭内でできない人は仕事でもできない。
- ☑ 家庭というコミュニティを大事にする。

◉自己実現のステップ12

新しい自分を構築する

古くは団塊の世代からはじまり、バブル世代、ロストジェネレーション世代、ミレニアル世代、ゆとり世代、さとり世代など、時代ごとにいろいろな名称がつけられ、その長所や短所が語られています。私たちは、なんだかんだ言って世代論が好きなのかもしれません。

これからの世界を引っ張っていくのは、今の一〇代から二〇代前半までの「Z世代」と呼ばれる人たちでしょう。

彼らの最大の特徴はデジタルネイティブであることです。電話やファクスを駆使していた私たち世代とは、コミュニケーションの手法が根本から違います。

彼らは、なにか人に伝えたい用事があれば、LINEやチャットを使っており、電話はめったに必要としません。電話をかけるにしても、個人のスマホ同士です。だから、誰が出るかわからないところに電話をかけたり、誰からかかってきたのかわからない電話をとったりすることはとても苦手です。

しかし、それでいいのです。固定電話やファクスなどは、やがて消え失せるでしょうから、そんなものは使えなくてもどうということはありません。

上司世代がどれだけ抵抗しようとも、時代は若い人たちが担っていくものです。若い世代が流行を生み、ビジネスを構築し、次の時代をつくるのです。

Z世代は成長意欲は低いと言われていますが、代わりに彼らはシェア精神に富み、環境に敏感で、SDGs（持続可能な開発目標）にも非常に前向きです。そんな彼らから学べることはたくさんあります。

過去において、なまじ**優秀な成績を挙げていた人ほど、自分の成功体験にこだわり、新しい世代の声に耳を傾けるチャンスを逃します。**

新しい世代について、「今時のやつらは……」という揶揄《やゆ》が頭をもたげたら、即、封印しましょう。新しい世代からヒントを受け取ることに、もっと積極的でいましょう。

それは、**自分を失うことではなく、新しく自分を構築することにほかなりません。**

――10秒でわかるレビュー――

☑ これから世界を引っ張っていくのは「Z世代」

☑ 若い世代が流行を生み出し、ビジネスを構築して次の時代をつくる。

☑ 積極的に新しい世代からヒントを受け取ろう。

おわりに

――「やりたいこと」をやる――

数年前には想像さえしていなかった深刻な世界的な感染症の流行によって、多くの命が失われただけでなく、人々は経済的にも精神的にも大きなダメージを受けました。

きっと、あなたの周囲にも、倒産した企業や解雇や雇い止めを言い渡された人がいるのではないかと思います。

まったく、どうして世界はこんなことになってしまったのでしょうか。いったい、誰のせいなのでしょう。もちろん、探せばなにかしらの「犯人もどき」は見つかるでしょう。

無能な政治家の施策がすべて後手に回った。

会社のリスクヘッジが低すぎた。

そもそも弱者が見捨てられるような社会がいけない。

言いたいことが、誰にだってあるはずです。それは、私もよくわかります。

しかし、「他責」の姿勢でいてもなにも変わりません。どこに原因を見いだしてみても、自分を苦しめている問題は解決しません。

私たちが今すぐすべきこと。それは「他責の思考を手放す」ことです。

これは、あなたの人生を考えたときに非常に重要なポイントとなります。**自分株式会社の経営を成功させたいなら、常に自分にベクトルを向けることが不可欠です。**

つらかったコロナ禍は、それに気づくチャンスとも言えます。これを機に、徹底したマインドチェンジを図りましょう。

あなたは、なんのために生きているのでしょうか。

なにがしたくて生きているのでしょうか。

一回しかない人生、仕事がすべてではありませんよね。

では、どのように働いていくのがいいのでしょう。

おそらく、**あなたにとって仕事の究極の目的は、人生でやりたいことをするためのお金を稼ぐことだと思います。**それは、自分自身の夢の領域かもしれないし、愛する家族に関わることかもしれません。

いずれにしろ、いくらお金があっても、時間がなければ意味がありません。**大事なことは、いかに無駄な時間を使わずに、効率的にお金を稼いで余暇を楽しむかです。**

そこに、社会や上司、誰かのせいにするという他責の思考は邪魔になります。

自分の人生をどうするか、自分株式会社をどう運営していくかについて、自分軸で検証しましょう。

焦る必要はありません。本書でも触れたように、七年計画で考えていけばいいのです。一～二年の浮き沈みなど、どうということはありません。私もまた、これからの七年について腰を据えて考えていますので、一緒にやっていきましょう。

本書との出合いによって、あなたの七年後が輝かしいものになっていることを願っています。

二〇二一年八月吉日

石田淳

●著者プロフィール

石田 淳（いしだじゅん）

株式会社ウィルPMインターナショナル代表取締役社長兼最高経営責任者・社団法人組織行動セーフティマネジメント協会代表理事・アメリカの行動分析学会ABAI会員・日本行動分析学会会員・日本ペンクラブ会員・日経BP主催『課長塾』講師。米国のビジネス界で大きな成果を上げる行動分析を基にしたマネジメント手法を日本人に適したものに独自の手法でアレンジし、「行動科学マネジメント」として確立。グローバル時代に必須のリスクマネジメントやコンプライアンスにも有効な手法と注目され、講演・セミナーなどを精力的に行う。趣味はトライアスロンとマラソン、登山など。2012年4月にはサハラ砂漠250kmマラソン、2017年10月アタカマ砂漠マラソンに挑戦、いずれも完走を果たす。現在はエベレスト登山にも挑戦中。

主な著書に『短期間で組織が変わる 行動科学マネジメント』（ダイヤモンド社）、『行動科学を使ってできる人が育つ! 教える技術』（かんき出版）、『課長の技術 部下育成バイブル』（日経BP社）、『最高のチームに変わる「仕組み」のつくり方 行動科学的リーダーシップ』（小社刊）などがある。

【株式会社ウィルPMインターナショナル】will-pm.jp/

【オフィシャルホームページ】jun-ishida.com

【Twitter】@Ishida_Jun

【Facebook】facebook.com/will.ishida.jun

【Instagram】instagram.com/jun_ishida

「やりたいこと」を全部《ぜんぶ》やる技術《ぎじゅつ》
行動《こうどう》科学《かがく》で最高《さいこう》の人生《じんせい》をつかむ43の方法《ほうほう》

2021年10月14日　初版第1刷発行

著　者　石田《いしだ》淳《じゅん》
発行者　岩野裕一
発行所　株式会社実業之日本社
〒107-0062　東京都港区南青山5-4-30
CoSTUME NATIONAL Aoyama Complex 2F
電話　03-6809-0495（編集/販売）
https://www.j-n.co.jp/
印刷・製本　大日本印刷株式会社

ISBN 978-4-408-42107-0（書籍管理）
